Meine schönsten
Kindermärchen

© 2013 Schwager & Steinlein Verlag GmbH
Emil-Hoffmann-Str. 1, D-50996 Köln

Illustrationen: AMC-Design, Wolfgang Looskyll
Kolorierung: digital-art-design, W. Hansen; aczent, A.Völpel

Gesamtherstellung: Schwager & Steinlein Verlag GmbH
Alle Rechte vorbehalten

www.schwager-steinlein-verlag.de

Meine schönsten Kindermärchen

Schwager & Steinlein

Inhalt

Eltern-Ratgeber

Klassische Kindermärchen gehören nach wie vor zu den beliebtesten Vorlesegeschichten. Sie sind spannend, fantastisch und voller Überraschungen. In zeitlosen Figuren und Bildern erzählen sie von Grunderfahrungen der Menschen: von Sehnsüchten, Hoffnungen und Ängsten, von Mutproben, Glücksfällen, guten Freunden und bösen Schurken. Und immer geht es gut aus. Märchen bieten unseren Kindern Lösungen an. Sie helfen ihnen, sich selbst zu begreifen und damit die Welt zu verstehen.

Richtig vorlesen

Wenn Sie ein Märchen nicht kennen oder nicht mehr gut erinnern, lesen Sie es zunächst für sich (und lassen Sie sich von der Geschichte verzaubern).

Wählen Sie gemeinsam mit Ihrem Kind ein Märchen aus, das es an diesem Tag gerne hören möchte. Ihr Kind wird intuitiv das Märchen aussuchen, das seiner Stimmung und seinem Alter am besten entspricht.

Sorgen Sie dafür, dass Sie Zeit fürs Vorlesen haben und nicht gestört werden.

Gestalten Sie das Vorlesen schön und angenehm. Kuscheln Sie mit Ihrem Kind; schaffen Sie eine Atmosphäre der Geborgenheit.

Lesen Sie die Märchen immer vollständig bis zum Ende vor. Indem die bösen Gestalten im Märchen besiegt werden oder sogar ein tödliches Ende finden, erfährt Ihr Kind, dass existenzbedrohende Kräfte überwunden werden können.

Folgen Sie unverdrossen dem Wunsch des Kindes, wenn es allabendlich dasselbe Märchen hören möchte. Kinder lieben Rituale. Zu wissen, was kommt, gibt ihnen Sicherheit und macht sie stark. In der Wiederkehr des Bekannten finden Jungen und Mädchen Halt.

Beobachten Sie Ihr Kind. Die Reaktion Ihres Kindes entscheidet, inwiefern Erklärungen zum Märchen nötig sind. Gehen Sie auf die Fragen Ihres Kindes ein und erklären Sie Wörter oder Zusammenhänge.

Geben Sie hin und wieder die Fragen zurück: Was meinst du denn? Warum können die Stiefschwestern das Aschenputtel nicht leiden? Sie werden überraschende Antworten hören.

 **Und nun viel Vergnügen!**

Dornröschen

Vor langer Zeit lebten ein König und eine Königin, die sprachen jeden Tag: „Ach, wenn wir doch ein Kind hätten!" und kriegten immer keins. Darüber wurde das Königspaar sehr traurig.

Da trug es sich zu, als die Königin einmal im Bade saß, dass ein Frosch aus dem Wasser ans Land kroch. Die Königin wunderte sich, doch der Frosch sprach zu ihr: „Dein Wunsch wird erfüllt werden! Noch ehe ein Jahr vergeht, wirst du eine Tochter zur Welt bringen."

9

Was der Frosch gesagt hatte, das geschah, und die Königin gebar ein Kind. Das Mädchen war so schön, dass sich der König vor Freude gar nicht zu fassen wusste. Er beschloss, die Geburt mit einem prächtigen Fest zu feiern, um alle Welt an seinem Glück teilhaben zu lassen. Sogleich begannen die Vorbereitungen für die Feier, die schöner und herrlicher werden sollte, als alle Feiern je zuvor. Das Schloss wurde festlich geschmückt, und in der Küche wurden die köstlichsten Speisen zubereitet.

Der stolze König lud zu dem Fest aber nicht nur seine Verwandten, Freunde und Bekannten ein, sondern auch die Feen seines Reiches, damit sie dem Kind hold und gewogen wären. Die Feen waren weise Frauen mit großer Macht. Es waren ihrer dreizehn in dem Königreich. Weil aber der König nur zwölf goldene Teller hatte, von welchen sie essen sollten, so konnte er nicht alle Feen einladen. Eine von ihnen musste daheimbleiben.

Das Fest zu Ehren des Kindes wurde mit aller Pracht gefeiert. Als es zu Ende war, beschenkten die Feen das Kind mit all ihren Wundergaben: Die eine wünschte ihm Tugend, die andere Schönheit, die dritte Reichtum, und so ging es weiter mit allem, was auf der Welt zu wünschen ist. Der König und die Königin freuten sich sehr. Doch als die elfte Fee eben gesprochen hatte, ging plötzlich die Türe auf und die dreizehnte Fee trat mit zornigem Blick in den Saal.

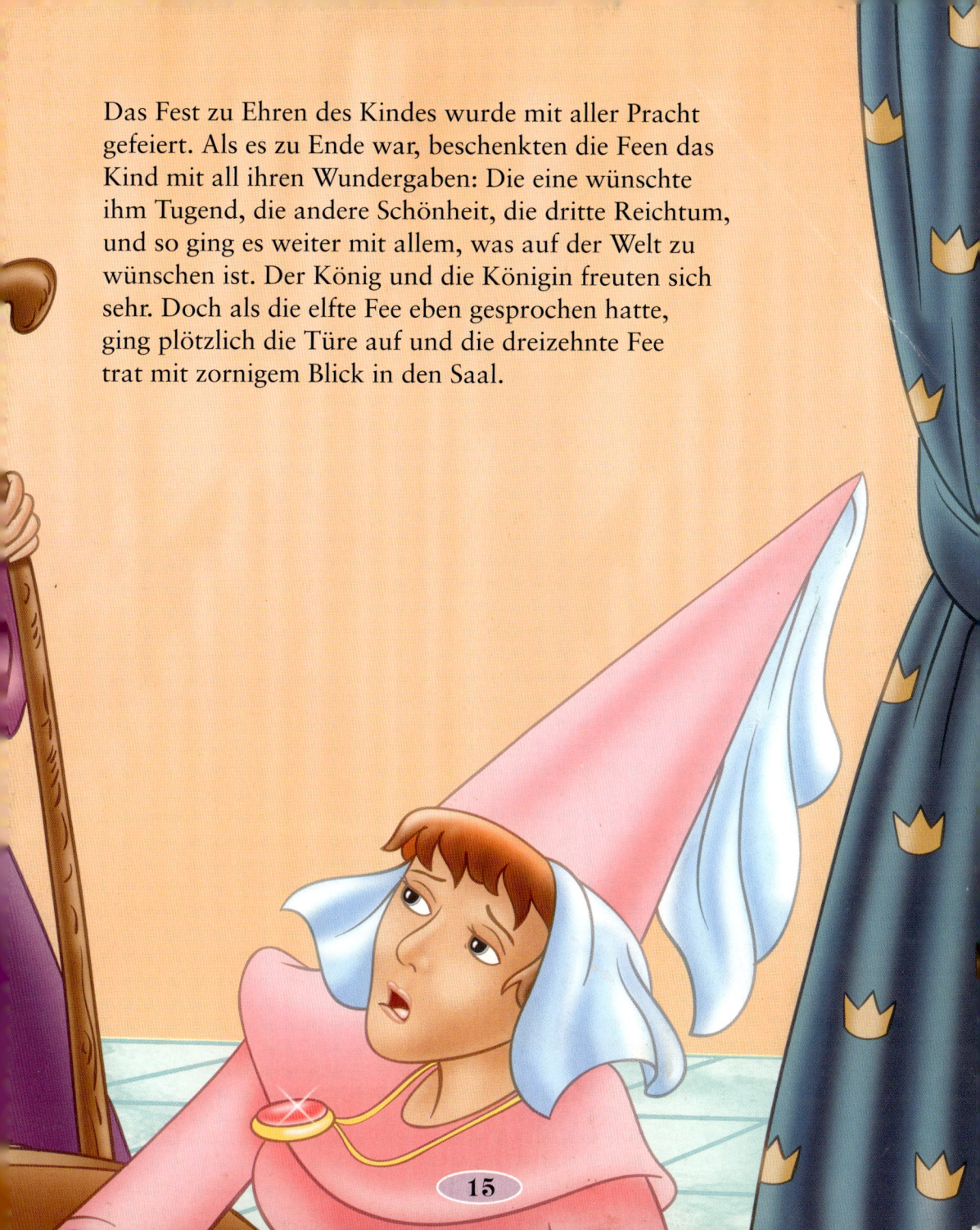

Sie wollte sich am König dafür rächen, dass sie nicht zum Fest eingeladen worden war. Ohne jemanden zu grüßen oder auch nur eines Blickes zu würdigen, rief sie mit lauter Stimme: „Die Königstochter soll sich in ihrem fünfzehnten Jahr an einer Spindel stechen und tot hinfallen." Und ohne ein Wort weiter zu sprechen, drehte sie sich um und verließ das Fest. Alle im Saal waren entsetzt und konnten vor Schreck kein Wort herausbringen.

Die arme Königin war einer Ohnmacht nahe, und der König erhob sich blass und zitternd von seinem Thron. Da trat die zwölfte Fee an die Wiege des Kindes. Sie hatte ihren Wunsch noch übrig. Weil sie aber den bösen Spruch der dreizehnten Fee nicht aufheben, sondern nur mildern konnte, so sagte sie: „Es soll aber kein Tod sein, sondern ein hundertjähriger tiefer Schlaf, in welchen die Königstochter fällt."

Der König, der sein liebes Kind vor dem Unglück bewahren wollte, ließ den Befehl ausgehen, dass alle Spindeln im gesamten Königreich verbrannt werden sollten. Seine Diener gehorchten sogleich, suchten im ganzen Land nach den Spindeln und zerstörten sie. Niemals wieder sollte Flachs gesponnen werden. An dem Mädchen aber wurden die Gaben der Feen sämtlich erfüllt, denn es war so schön, sittsam, freundlich und verständig, dass es jedermann, der es ansah, lieb haben musste.

Es trug sich nun zu, dass der König und die Königin am fünfzehnten Geburtstag der Prinzessin nicht zu Hause waren. Da ging das Mädchen neugierig im Schloss herum, besah Stuben und Kammern, wie es Lust hatte. Schließlich kam es auch an einen alten Turm, den es zuvor noch nie gesehen hatte. Da stieg die Prinzessin die enge Wendeltreppe hinauf und gelangte zu einer kleinen Türe. Im Schloss steckte ein verrosteter Schlüssel, und als sie ihn umdrehte, sprang die Türe auf.

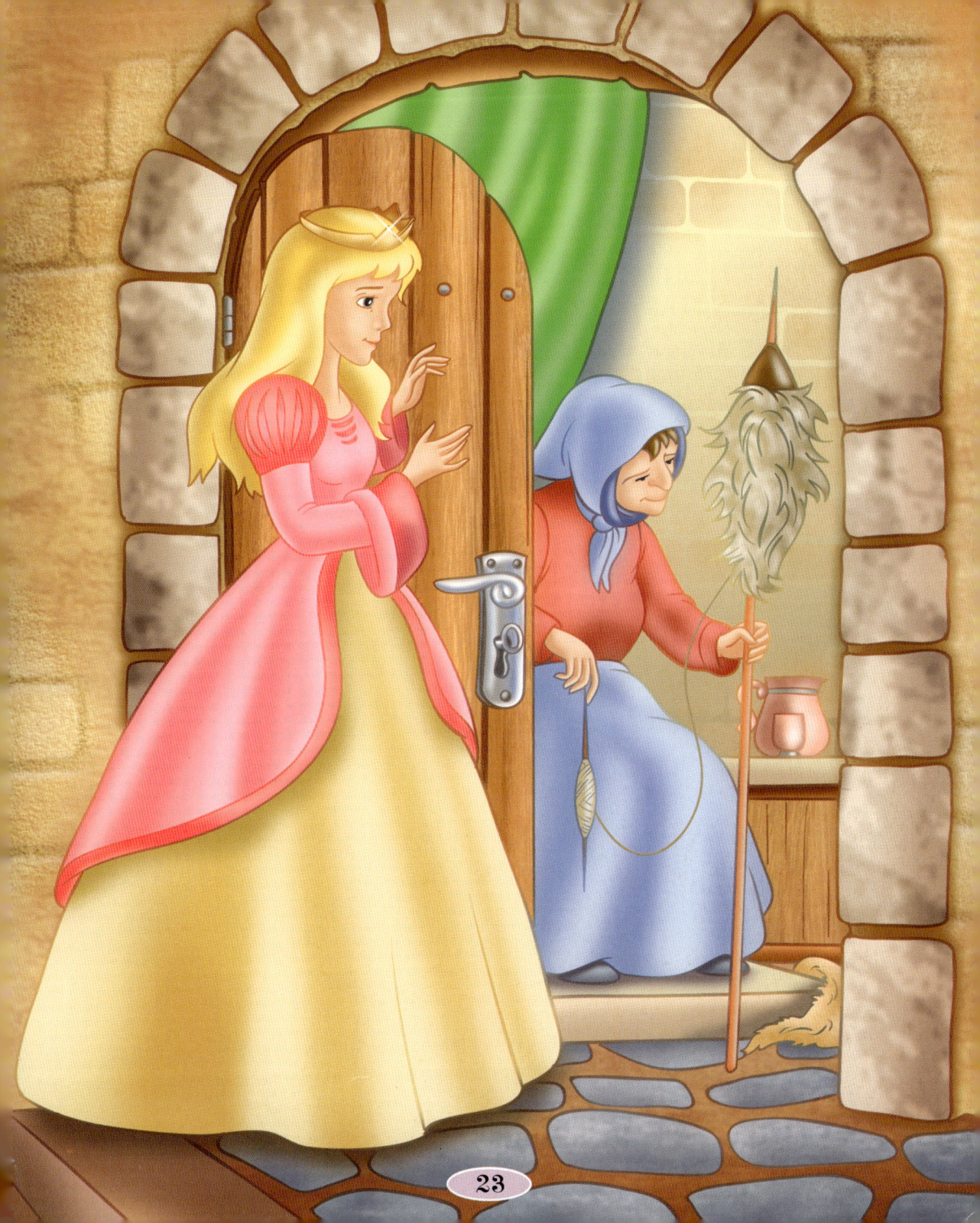

In der Stube saß eine alte Frau und spann emsig ihren Flachs.
„Guten Tag, Mütterchen", sprach die Königstochter,
„was machst du da?"
„Ich spinne", sagte die Alte und nickte mit dem Kopf.
„Was ist das für ein Ding, das so lustig herumspringt?",
fragte die Prinzessin. Kaum aber hatte sie die Spindel
angerührt, so ging der Zauberspruch in Erfüllung und
sie stach sich damit in den Finger. In dem Augenblick aber,
in dem sie den Stich empfand, fiel sie in einen tiefen Schlaf.

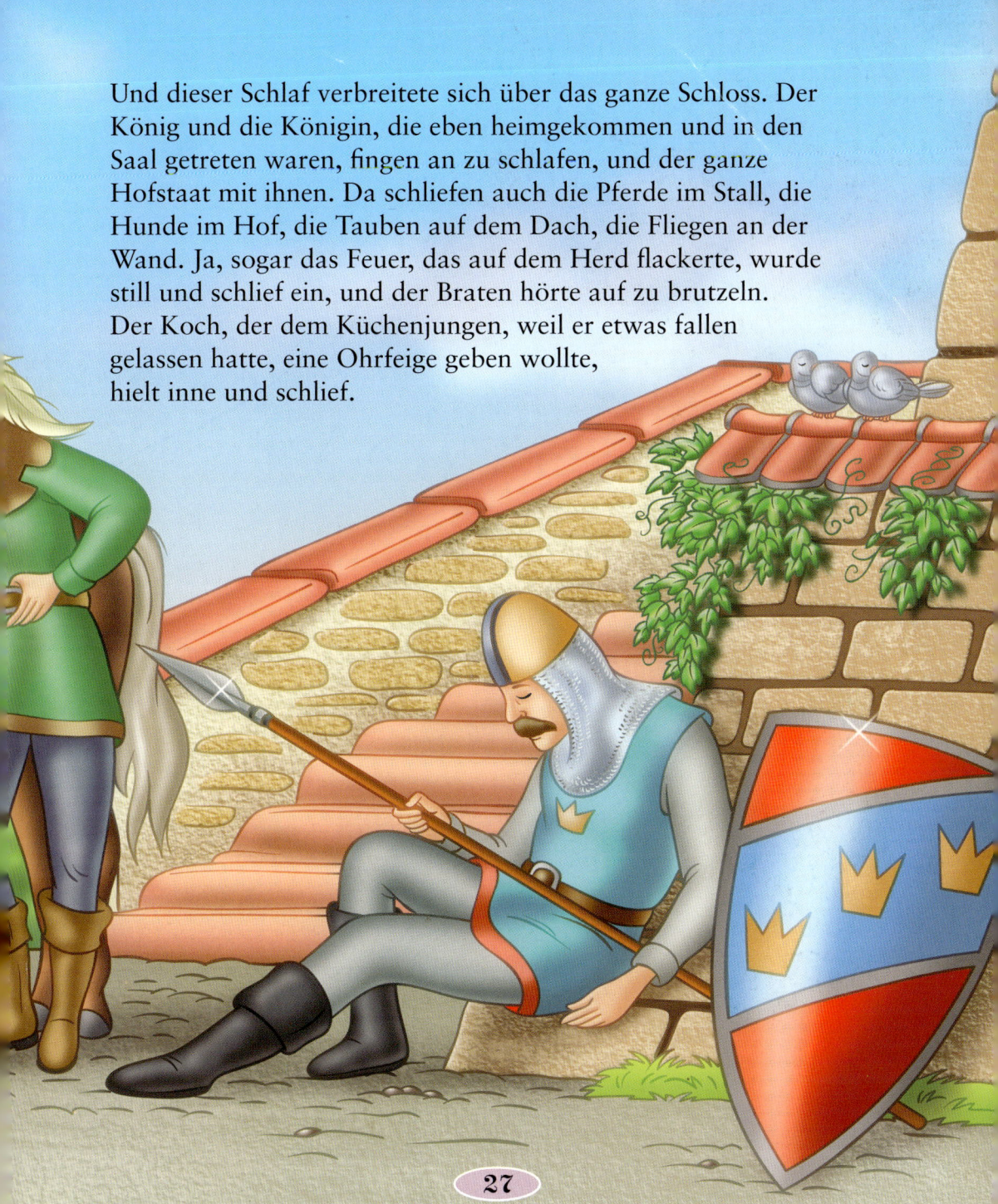

Und dieser Schlaf verbreitete sich über das ganze Schloss. Der König und die Königin, die eben heimgekommen und in den Saal getreten waren, fingen an zu schlafen, und der ganze Hofstaat mit ihnen. Da schliefen auch die Pferde im Stall, die Hunde im Hof, die Tauben auf dem Dach, die Fliegen an der Wand. Ja, sogar das Feuer, das auf dem Herd flackerte, wurde still und schlief ein, und der Braten hörte auf zu brutzeln. Der Koch, der dem Küchenjungen, weil er etwas fallen gelassen hatte, eine Ohrfeige geben wollte, hielt inne und schlief.

Auch der Wind legte sich, und auf den Bäumen vor dem Schloss regte sich kein Blättchen mehr. Rings um das Schloss aber begann eine Dornenhecke zu wachsen, die jedes Jahr höher wurde. Schließlich umgab sie das ganze Schloss und wuchs sogar darüber hinaus, sodass bald gar nichts mehr davon zu sehen war, nicht einmal die Fahne auf dem Dach.

Es ging aber bald in dem Land die Sage von dem schönen, schlafenden Dornröschen, denn so wurde die Königstochter genannt. So kamen von Zeit zu Zeit mutige Königssöhne, die durch die dichte Hecke in das Schloss dringen wollten. Es war ihnen aber nicht möglich, denn die Dornen, als hätten sie Hände, hielten fest zusammen. Die Jünglinge blieben darin hängen, konnten sich nicht wieder losmachen und starben eines jämmerlichen Todes.

Nach vielen Jahren kam wieder einmal ein Königssohn in
das Land und hörte, wie ein alter Mann von der Dornenhecke
erzählte. Es sollte ein Schloss dahinter stehen, in welchem
eine wunderschöne Königstochter schon seit hundert Jahren
schliefe, und mit ihr der König und die Königin und der ganze
Hofstaat. Da sprach der Jüngling: „Ich will hinaus und das
schöne Dornröschen sehen!" Der gute Alte mochte ihm abraten,
wie er wollte, der Königssohn hörte nicht auf seine Worte.

Nun waren aber gerade die hundert Jahre vergangen. Der Tag war gekommen, an dem Dornröschen wieder erwachen sollte. Als der Königssohn sich der Dornenhecke näherte, blühten dort lauter große, schöne Rosen. Der Königssohn blieb einen Augenblick stehen und bewunderte die prachtvollen Blumen. Da teilte sich die Hecke von selbst und ließ ihn unbeschädigt hindurchtreten. Hinter ihm tat sie sich wieder zusammen.

Im Schlosshof sah der Königssohn die Pferde und Jagdhunde liegen und schlafen. Auf dem Dach saßen die Tauben und hatten die Köpfchen unter den Flügel gesteckt. Im Haus schliefen die Fliegen an der Wand, der Koch in der Küche hielt noch die Hand, als wollte er den Küchenjungen schlagen. Die Magd stand vor einem Huhn, das gerupft werden sollte. Im Herd war das Feuer erloschen, und der Braten lag noch in der Pfanne.

Der Prinz ging weiter und sah im Saale den ganzen Hofstaat liegen und schlafen. Oben bei dem Throne lagen der König und die Königin in tiefem Schlaf. Alles war so still, dass er seinen Atem hören konnte. Der Königssohn ging immer weiter. Endlich kam er zu dem Turm und öffnete die Türe zu der kleinen Stube, in welcher Dornröschen schlief. Da lag es und war so schön, dass er die Augen nicht von ihm abwenden konnte.

Er bückte sich und gab Dornröschen einen Kuss.

Da erwachte Dornröschen, schlug die Augen auf und blickte ihn ganz freundlich an.

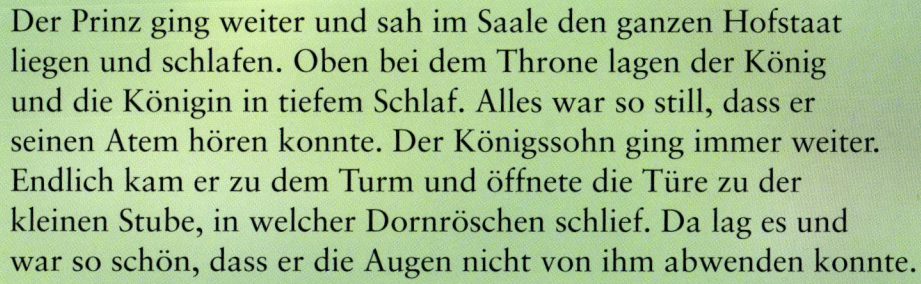

Gemeinsam stiegen sie den Turm hinab, und der König und die Königin erwachten und mit ihnen der ganze Hofstaat. Die Pferde im Hof standen auf, die Jagdhunde sprangen umher, und die Tauben auf dem Dach zogen das Köpfchen unterm Flügel hervor und flogen ins Feld. Die Fliegen an den Wänden krochen weiter, das Feuer in der Küche erhob sich, flackerte und kochte das Essen. Der Koch gab dem Jungen eine Ohrfeige, dass er schrie, und die Magd rupfte das Huhn fertig.

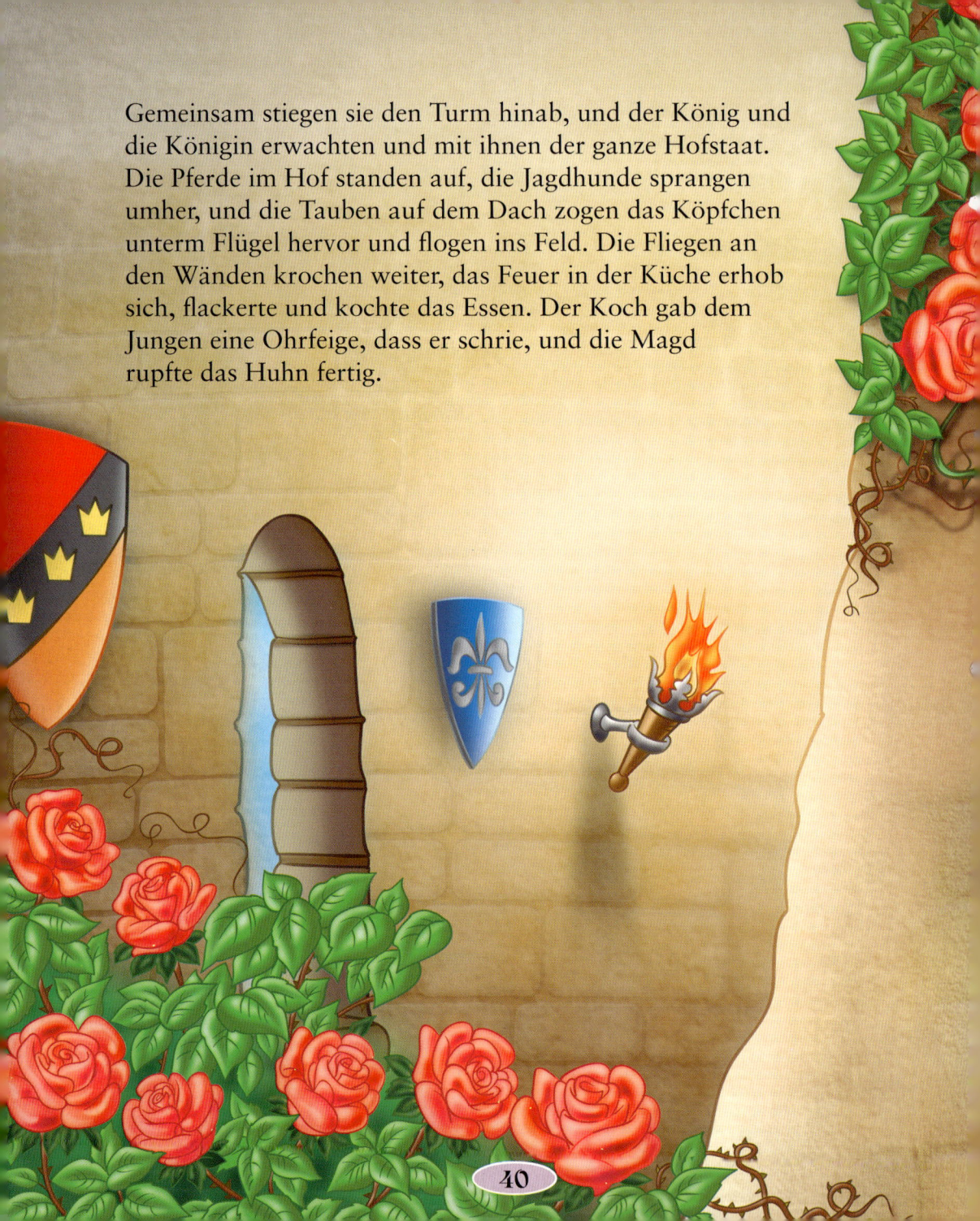

Da kamen der König und die Königin, der Hofstaat und die Diener verwundert zusammen und sahen sich alle mit großen Augen an. Der Königssohn aber erzählte ihnen, wie sie hundert Jahre geschlafen hatten und wie das Schloss von einer Dornenhecke umrankt gewesen sei. Nachdem sie begriffen hatten, dass sie erlöst worden waren, wurde die Hochzeit des Königssohns mit Dornröschen in aller Pracht gefeiert, und sie lebten vergnügt bis an ihr Ende.

Der Wolf und die sieben Geißlein

Es war einmal eine Geiß, die hatte sieben junge Geißlein, und hatte sie lieb, wie eine Mutter ihre Kinder lieb hat. Eines Tages wollte sie Futter holen, da sprach sie zu ihren Geißlein: „Liebe Kinder, ich will hinausgehen in den Wald, seid auf der Hut vor dem Wolf, wenn ich nicht da bin! Wenn er hereinkommt, frisst er euch alle mit Haut und Haar. Er verstellt sich oft, aber an der rauen Stimme und an seinen schwarzen Pfoten werdet ihr ihn erkennen."

Die sieben jungen Geißlein antworteten: „Liebe Mutter, wir wollen uns schon vor dem Bösewicht in Acht nehmen und auf alles hören, was du uns gesagt hast. Wir werden dem Wolf gewiss nicht die Türe öffnen, du kannst ohne Sorge fortgehen."

Als die Geißenmutter das hörte, war sie beruhigt. Sie nahm den Korb auf den Rücken und den Rechen in die Hand, meckerte ihren lieben Kindern zum Abschied zu und machte sich alsdann auf den Weg in den Wald.

Nachdem die Geißenmutter fortgegangen war, dauerte es gar nicht lange, bis jemand an die Haustür der sieben jungen Geißlein klopfte und rief: „Macht auf, ihr lieben Kinder, eure Mutter ist wieder da und hat euch etwas mitgebracht!"

Aber die Geißlein hörten sogleich an der rauen Stimme, dass es der Wolf war. „Wir machen nicht auf!", riefen sie, „du bist unsere Mutter nicht, die hat eine feine Stimme. Deine Stimme aber ist rau, du bist der Wolf!"

Da ärgerte sich der Wolf, dass die sieben Geißlein ihn erkannt hatten. Er ging zu einem Krämer und sprach: „Gib mir ein Stück Kreide, damit ich meine Stimme fein machen kann! Wenn du es nicht tust, so fress ich dich mit Haut und Haar!"

Der Krämer fürchtete sich vor dem Wolf und gab ihm, wonach er verlangte. Der Wolf packte das Stück Kreide und fraß es mit einem Bissen auf. Nun hatte er eine zarte Stimme und kehrte zum Haus der sieben Geißlein zurück.

Dort angekommen, klopfte der Wolf noch einmal an die Haustür und rief mit feiner Stimme: „Macht mir auf, meine Kinder, eure geliebte Mutter ist wieder da und hat jedem von euch etwas Schönes aus dem Wald mitgebracht!"

Aber der Wolf hatte seine schwarze Pfote in das Fenster gelegt, das sahen die sieben jungen Geißlein und riefen: „Wir machen nicht auf, unsere Mutter hat keine schwarze Pfote wie du: Du bist der Wolf!"

Da wurde der Wolf zornig, weil ihn die sieben jungen Geißlein erneut erkannt hatten. Geschwind lief er zu einem Bäcker und sprach zu ihm: „Streich mir von deinem Teig auf meine Pfote! Wenn du es nicht tust, so fresse ich dich mit Haut und Haar!"

Als der Bäcker das hörte, erschrak er. Und weil er sich vor dem bösen Tier fürchtete und sich nicht zu helfen wusste, so gehorchte er sogleich und bestrich die Pfote mit Teig.

Mit der Pfote voller Teig lief der Bösewicht nun geschwind
weiter zum Müller und sprach zu diesem: „Streu mir Mehl
auf meine Pfote, damit sie weiß wird!"
Der Müller aber dachte bei sich: „Der Wolf will einen betrügen",
und weigerte sich, zu gehorchen.
Doch da sprach der Wolf: „Wenn du es nicht tust, so fresse ich
dich mit Haut und Haar!"
Da bekam der Müller es mit der Angst zu tun. Darum gehorchte
er und machte die Pfote des Wolfs weiß.

Nun ging der Wolf zum dritten Mal zum Haus der sieben Geißlein, legte die weiße Pfote ins Fenster und sprach: „Macht mir auf, meine Kinder, euer liebes Mütterchen ist wieder da und hat jedem von euch etwas aus dem Walde mitgebracht."

Als die Geißlein die weiße Pfote sahen und die feine Stimme hörten, dachten sie, ihre liebe Mutter sei heimgekehrt und machten die Tür auf. Aber wie erschraken sie, als der böse Wolf hereinkam!

Die Geißlein liefen so schnell sie konnten davon und
versteckten sich: Das eine sprang unter den Tisch,
das zweite ins Bett, das dritte in die Truhe, das vierte in
die Küche, das fünfte in den Schrank, das sechste unter
die Waschschüssel und das siebte in den Kasten der
Wanduhr. Doch der Wolf fand sie alle und fraß sie auf.
Nur das jüngste Geißlein im Uhrenkasten, das fand
er nicht.

Satt und zufrieden ging der Wolf hinaus auf
eine Wiese, legte sich hin und schlief ein.

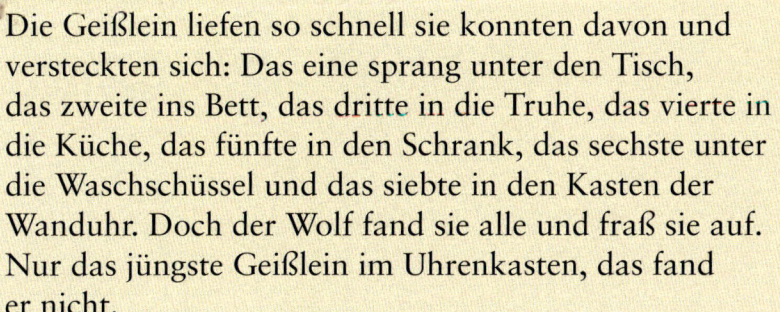

Nicht lange danach kehrte die Geißenmutter von der
Futtersuche im Wald wieder heim. Doch schon von Weitem
erblickte sie die geöffnete Haustür und eine böse Ahnung
überkam sie. Und als sie schließlich näher trat, ach, was
musste sie da Schreckliches erblicken! Alles war in größter
Unordnung: Tische, Stühle, Bänke waren umgeworfen
worden, die Waschschüssel lag da in tausend Scherben
zerbrochen, Kissen und Decken waren aus dem Bett gezerrt.

Da suchte die alte Geiß überall in der Unordnung nach ihren geliebten Kindern: Sie sah unter dem Bett nach, in der Küche, unter dem Tisch, sie blickte in alle Ecken, aber vergebens. Nacheinander rief sie die sieben Geißlein beim Namen, aber niemand antwortete ihr.

Doch dann, endlich, als sie den Namen des jüngsten Geißleins rief, da antwortete ihr eine zarte Stimme: „Liebe Mutter, ich stecke im Uhrenkasten, hol mich heraus!"

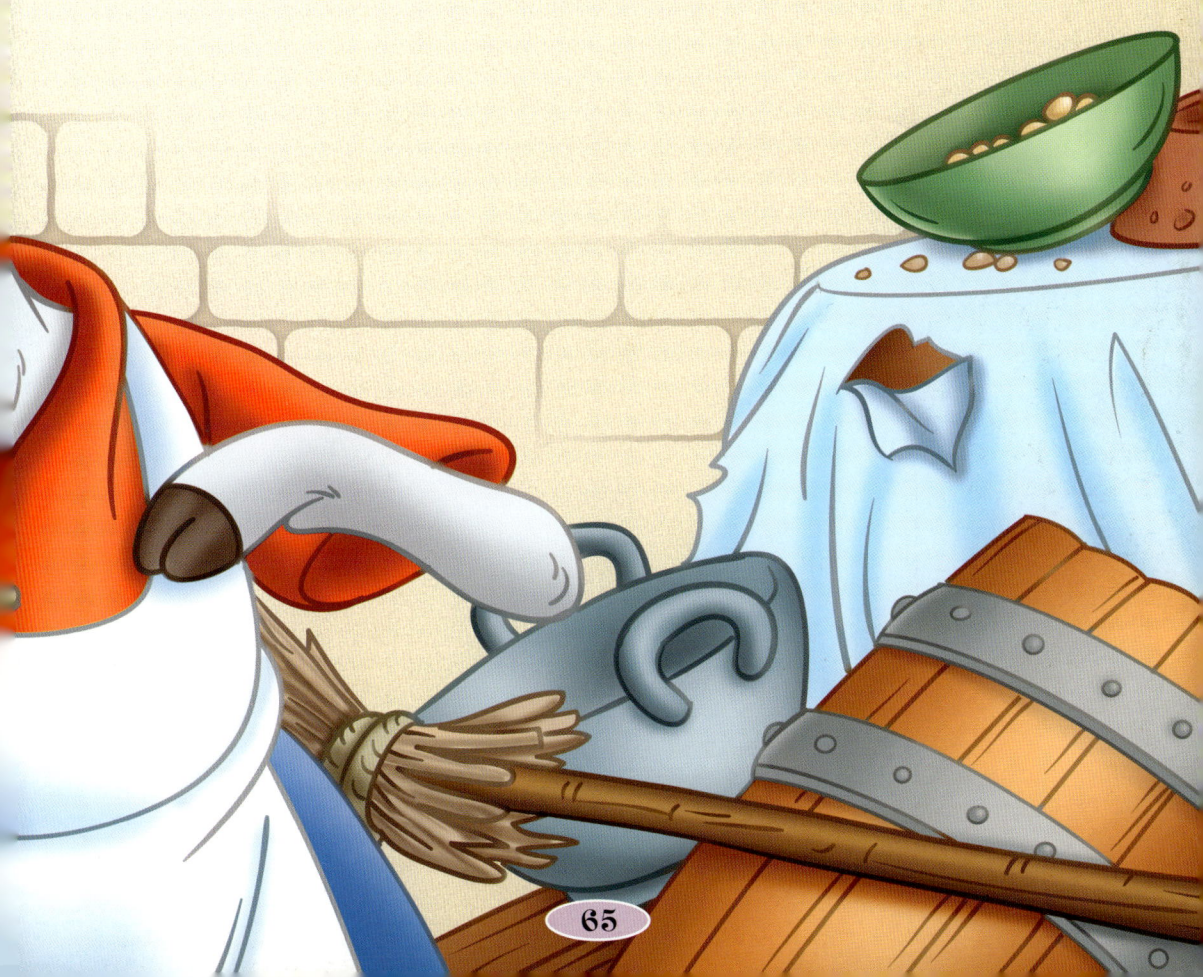

Als die Geißenmutter das hörte, sprang sie geschwind zum Uhrenkasten und half dem jüngsten Geißlein heraus. Wie glücklich und erleichtert war sie, dass es dem Geißlein gut ging! Dann fragte sie, was passiert sei.

Da erzählte ihr das Geißlein, wie der böse Wolf sie getäuscht und nacheinander alle Geschwister gefunden und aufgefressen hätte. Da weinte die alte Geiß bitterlich um ihre armen Kinder und wusste sich gar nicht zu trösten.

In ihrem Jammer ging die Geißenmutter hinaus, und das jüngste Geißlein lief mit ihr. Als sie aber auf die Wiese gelangten, so sahen sie dort im Schatten eines großen Baums den Wolf liegen.

Der Übeltäter schlief tief und fest und schnarchte so laut, dass die Äste über ihm zitterten. Sie betrachteten ihn von allen Seiten und sahen, dass es in seinem prall gefüllten Bauch zappelte.

„Ach Gott", dachte die Geiß, „sollten meine armen Kinder noch am Leben sein?"

„Geh und hole mir Schere, Nadel und Zwirn!", sprach sie zum jüngsten Geißlein. Das tat, wie ihm geheißen. Dann schnitt die Geiß dem Wolf den Wanst auf, und kaum hatte sie einen Schnitt getan, so streckte schon das erste Geißlein den Kopf heraus.

Und als sie weiter schnitt, sprangen schließlich alle sechs lebendig und unversehrt aus dem Wolfsbauch, denn das Ungetüm hatte sie in seiner Gier ganz hinuntergeschluckt. Da küssten sie einander vor Freude.

Der Wolf jedoch bemerkte von alldem nichts. Er schlief weiter tief und fest und schnarchte dabei so laut wie zuvor. Die Geißenmutter aber sprach zu ihren Kindern: „Lauft schnell aufs Feld hinaus und in den Wald und bringt mir so viele Wackersteine, wie ihr finden könnt! Die wollen wir dem Ungetüm in den Bauch legen, solange es noch schläft." Die sieben Geißlein gehorchten sogleich und liefen in aller Eile davon, um die Steine herbeizuschleppen.

Als die sieben Geißlein schließlich genügend Steine gesammelt hatten, sagte die alte Geiß zu ihnen: „Nun lasst uns dem Wolf den Bauch damit füllen!"

Geschwind steckten sie so viele Wackersteine in den Wolfsbauch, wie sie nur hineinbringen konnten. Flink und geschickt nähte die Geißenmutter den Wolfsbauch danach wieder zu.

Der Wolf aber, der von alldem nichts bemerkt hatte, lag still und schlief ruhig weiter, als sei nichts geschehen.

Als der Wolf kurze Zeit darauf endlich aus seinem Schlummer erwachte, machte er sich auf die Beine. Und weil ihm die vielen Wackersteine im Magen so großen Durst machten, ging er zum nahegelegenen Brunnen, um daraus zu trinken. Beim Gehen aber stießen die schweren Steine in seinem Bauch aneinander und rappelten. Da rief der Wolf:

„Was rumpelt und pumpelt
in meinem Bauch herum?
Ich meinte, es wären sechs Geißlein,
so sind's lauter Wackerstein."

Als der Wolf schließlich beim Brunnen angelangt war, beugte er sich darüber, um zu trinken. Doch ehe er sichs versah, zogen ihn die schweren Wackersteine in seinem Bauch über den Rand in die Tiefe des Brunnens hinab. So musste er jämmerlich ertrinken.

Als die sieben jungen Geißlein das sahen, kamen sie schnell herbeigelaufen und riefen laut: „Der Wolf ist tot! Der Wolf ist tot!" Und voller Freude tanzten sie mit ihrer Mutter um den Brunnen herum.

Der Froschkönig

In den alten Zeiten, in denen das Wünschen noch geholfen hat, lebte einst ein König. Seine Töchter waren alle schön. Aber die jüngste war so schön, dass die Sonne selber, die doch schon so vieles gesehen hatte, sich verwunderte, sooft sie ihr ins Gesicht schien.

Nahe bei dem prächtigen Schloss des Königs lag ein großer, dunkler Wald. Dort, unter einer alten Linde, war ein tiefer Brunnen.

Wenn nun der Tag recht heiß war, so ging die Prinzessin allein hinaus in den Wald und setzte sich an den Rand des kühlen Brunnens und träumte vor sich hin.

Die Prinzessin liebte den Platz neben dem Brunnen, und wenn sie Langeweile hatte, so nahm sie eine kostbare goldene Kugel mit. Diese warf sie dann in die Höhe und fing sie wieder auf, daran hatte sie besonders große Freude. Die goldene Kugel war ihr liebstes Spielzeug, und sie achtete immer gut auf sie.

Nun trug es sich einmal zu, dass die Prinzessin mit der goldenen Kugel spielte und diese nicht in ihr Händchen, das sie in die Höhe gehalten hatte, sondern vorbei in den Brunnen fiel. Aber der Brunnen war tief, so tief, dass man keinen Grund sah. Die schöne goldene Kugel schien für immer verloren.

Da fing die Prinzessin bitterlich zu weinen an. Sie weinte immer lauter und konnte sich gar nicht trösten. Und wie sie so klagte, rief ihr jemand zu:
„Was ist mit dir, Königstochter? Du weinst ja, dass sich ein Stein erbarmen möchte."

Die Prinzessin sah sich um und erblickte einen Frosch,
der seinen dicken hässlichen Kopf aus dem Wasser streckte.
„Ach, du bist es, alter Wasserpatscher", sagte sie.
„Ich weine um meine goldene Kugel, die mir in den
Brunnen hinabgefallen ist."
„Ich kann dir helfen", sagte da der Frosch. „Aber was gibst du
mir, wenn ich dein Spielzeug wieder heraufhole?"
„Was du haben willst, lieber Frosch", sagte die Prinzessin.
„Meine Perlen und Edelsteine, auch noch die goldene
Krone, die ich trage."

Der Frosch aber schüttelte den Kopf und antwortete:
„Deine Perlen und Edelsteine und auch deine goldene Krone,
die mag ich nicht. Aber wenn du mich lieb haben willst
und ich soll dein treuer Geselle und Spielkamerad sein,
an deinem Tischlein neben dir sitzen, von deinem goldenen
Tellerlein essen, aus deinem Becherlein trinken, in deinem
Bettlein schlafen: Wenn du mir das versprichst, so will ich
gleich hinuntersteigen und dir die goldene Kugel
wieder heraufholen."

„Ach ja", sagte die schöne Prinzessin, „ich verspreche dir alles,
was du willst, wenn du mir nur die Kugel wiederbringst."
Insgeheim aber dachte sie: „Was der einfältige Frosch schwätzt!
Der sitzt im Wasser bei
seinesgleichen und quakt
und kann keines Menschen
Geselle sein."

Der Frosch aber glaubte ihren Worten. Er tauchte seinen Kopf unter,
sank hinab, und über ein Weilchen kam er wieder heraufgerudert,
hatte die Kugel bei sich und warf sie ins Gras.

Die Prinzessin war voller Freude, als sie ihr Spielzeug wieder erblickte.

„Welch ein großes Glück, meine goldene Kugel!", rief sie. Dann hob sie ihr Spielzeug auf und sprang mit ihm fort.

„Warte, warte", rief der Frosch, „nimm mich mit,
ich kann nicht so laufen wie du!"
Aber was half ihm, dass er ihr sein quak, quak so laut
nachschrie, als er konnte! Die Prinzessin hörte nicht darauf,
eilte nach Hause und hatte bald den armen Frosch vergessen,
der wieder in seinen Brunnen hinabsteigen musste.

Am andern Tage, als die Prinzessin mit ihrer Familie an der Tafel saß und von ihrem goldenen Tellerlein aß, da kam, plitsch, platsch, plitsch, platsch, etwas die Marmortreppe heraufgesprungen. Als es oben angelangt war, klopfte es an die Tür und rief: „Königstochter, jüngste, mach mir auf!"

Die Prinzessin lief zur Tür und wollte sehen, wer draußen wäre. Als sie aber aufmachte, so saß der Frosch davor. Da warf sie die Tür hastig zu, setzte sich wieder an den Tisch und war ganz ängstlich.

Der König sprach: „Kind, was fürchtest du dich, steht etwa ein Riese vor der Tür und will dich holen?"
„Nein, kein Riese", antwortete die Prinzessin, „sondern ein garstiger Frosch."

96

„Was will er von dir?", fragte der König.
„Ach, lieber Vater", antwortete die Prinzessin, „als ich gestern
im Wald bei dem Brunnen saß, da fiel meine goldene Kugel
ins Wasser. Der Frosch hat sie wieder heraufgeholt, und ich
versprach ihm, er sollte mein
Geselle werden. Nun will er
zu mir herein."

97

Nun klopfte der Frosch zum zweiten Mal an die Tür
und rief: „Mach mir auf, Prinzessin, weißt du nicht mehr,
was du mir gestern versprochen hast?"

Da sagte der König zu seiner Tochter: „Was du versprochen hast,
das musst du auch halten. Geh nur und mach ihm auf."
Die Prinzessin ging und öffnete die Türe, da hüpfte
der Frosch herein, ihr immer auf dem Fuße nach,
bis zu ihrem Stuhl. Da saß er und rief:
„Heb mich herauf zu dir."

Die Prinzessin zögerte, bis es der König
endlich befahl.

Als der Frosch erst auf dem Stuhl war, wollte er auf den Tisch, und als er da saß, sprach er: „Nun schieb mir dein goldenes Tellerlein näher, damit wir zusammen essen."

Das tat die Prinzessin zwar, aber man sah wohl, dass sie es nicht gerne tat.

Der Frosch ließ es sich gut schmecken, aber ihr blieb fast jedes Bisslein im Halse stecken. Endlich sprach er: „Ich habe mich satt gegessen und bin müde, nun trag mich in dein Kämmerlein und mach dein seiden Bettlein zurecht, da wollen wir uns schlafen legen."

Die Königstochter fing an zu weinen und fürchtete sich vor dem kalten Frosch, den sie nicht anzurühren getraute und der nun in ihrem schönen, reinen Bettlein schlafen sollte. „Nein, ich will nicht", rief sie unter Tränen.

Doch der König wurde zornig und sprach: „Wer dir geholfen hat, als du in der Not warst, den sollst du hernach nicht verachten."

Da packte die Prinzessin den Frosch angeekelt mit zwei Fingern, trug ihn hinauf und setzte ihn in ihrem Schlafzimmer in eine Ecke.

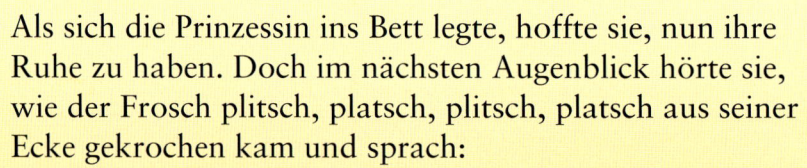

Als sich die Prinzessin ins Bett legte, hoffte sie, nun ihre
Ruhe zu haben. Doch im nächsten Augenblick hörte sie,
wie der Frosch plitsch, platsch, plitsch, platsch aus seiner
Ecke gekrochen kam und sprach:

„Ich bin müde, ich will schlafen so gut wie du:
Heb mich herauf, oder ich sag es deinem Vater."
Da wurde die Prinzessin bitterböse. Sie holte den
Frosch zu sich herauf – und warf ihn
aus allen Kräften gegen die Wand.
   „Nun wirst du Ruhe geben,
      du garstiger Frosch", rief
         die Prinzessin.

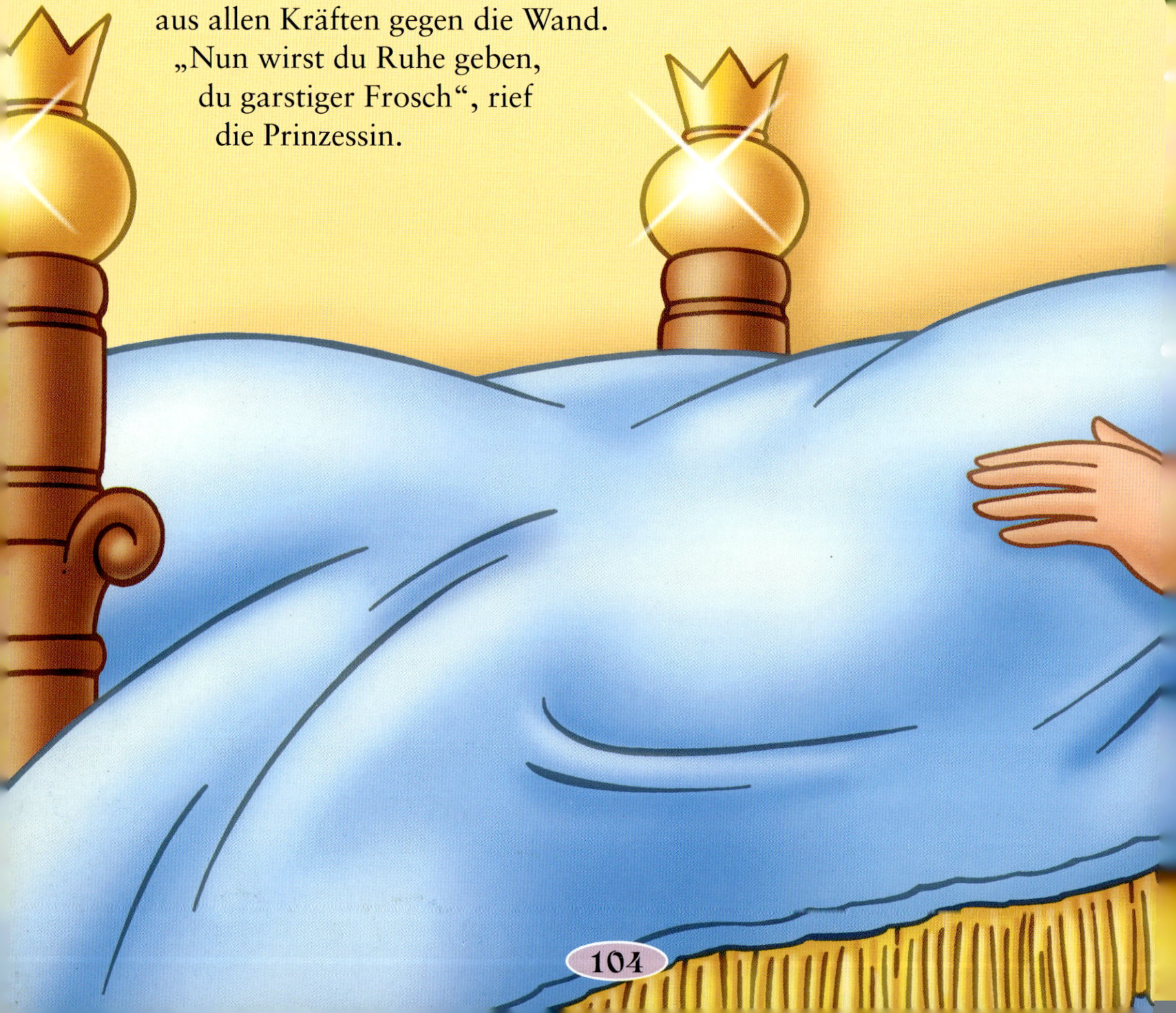

Als der Frosch aber von der Wand herabfiel, war er kein
Frosch mehr, sondern ein Königssohn mit schönen und
freundlichen Augen.
Er erzählte der Prinzessin, er wäre von einer bösen Hexe
verwünscht worden und niemand hätte ihn aus dem Brunnen
erlösen können als sie allein. Da lief die Prinzessin aufgeregt
aus ihrer Kammer und erzählte ihrem Vater
von der Verwandlung.
Dem König gefiel der
Königssohn, und freudig
willigte er in die
Hochzeit der beiden
jungen Leute ein.

Am andern Morgen, als die Sonne die Prinzessin und den Prinzen weckte, kam ein Wagen herangefahren, mit prächtigen weißen Pferden bespannt, die hatten weiße Straußfedern auf dem Kopf und gingen in goldenen Ketten.

Hinten auf der Kutsche stand auch der Diener des jungen Königs, das war der treue Heinrich. Der treue Heinrich war so betrübt, als sein Herr in einen Frosch verwandelt worden war, dass er sich drei eiserne Bande um sein Herz legen ließ, damit es ihm nicht vor Weh und Traurigkeit zerspränge.

Mit dem Wagen wollte der treue Heinrich den jungen König nun in sein Reich bringen. „Ich bin so froh, dass der Fluch gebrochen ist", sagte er voller Freude. „Steigt bitte ein!" Dann half der treue Heinrich dem Königssohn und der Prinzessin in den Wagen und stellte sich wieder hinten auf.

110

Die Pferde setzten sich in Bewegung und die Kutsche fuhr los. Doch als sie ein Stück gefahren waren, hörte der Königssohn, dass es hinter ihm krachte, als wäre etwas zerbrochen.

Da drehte sich der Königssohn
zum treuen Heinrich um und rief:
„Heinrich, der Wagen bricht."
„Nein, Herr, der Wagen nicht,
es ist ein Band von meinem Herzen,
das da lag in großen Schmerzen,
als Ihr in dem Brunnen saßt,
als Ihr noch ein Frosch wart."

Noch einmal und noch einmal krachte es auf dem Weg,
und der Königssohn meinte immer, der Wagen brächc,
und es waren doch nur die Bande, die vom Herzen des treuen
Heinrich absprangen, weil sein Herr erlöst und glücklich war.

Als die Kutsche endlich in seinem Reich angekommen war,
rief der Königssohn alle Hofleute zusammen. Da wurde
die Tafel im großen Saal zubereitet. Alle setzten sich nieder,
aßen und tranken zusammen.

Die Hofleute waren überglücklich, dass der Fluch gebrochen und der Königssohn wieder bei ihnen war. Die Prinzessin wurde wegen ihrer Anmut von allen bewundert. Ihr Gesicht strahlte schöner denn je, als am Abend alle in großen Freuden die Hochzeit feierten.

Schneewittchen

Es war einmal ein König, der hatte eine wunderschöne Tochter. Ihr Haar war schwarz wie Ebenholz, ihre Lippen rot wie Blut und ihre Haut weiß wie Schnee. Deshalb wurde sie Schneewittchen genannt. Als die Königin starb, heiratete der König eine andere Frau, die sehr stolz und neidisch war. Sie besaß einen Zauberspiegel. Wenn sie vor ihn trat, sprach sie:

"Spieglein, Spieglein an der Wand,
wer ist die Schönste im ganzen Land?"
Und der Spiegel antwortete ihr:
"Frau Königin, Ihr seid die Schönste im Land."
Erst dann war sie zufrieden.

Schneewittchen aber wuchs heran und wurde immer schöner.
Als die Königin einmal ihren Spiegel fragte:
„Spieglein, Spieglein an der Wand,
wer ist die Schönste im ganzen Land?",
da antwortete er: „Frau Königin, Ihr seid die Schönste hier,
aber Schneewittchen ist tausendmal schöner als Ihr."
Da erschrak die Königin und wurde gelb und grün vor Neid.
Sie rief einen Jäger und sprach:
„Ich will das Kind nicht mehr
vor Augen haben. Bring
Schneewittchen hinaus
in den Wald und töte es!"

Der Jäger gehorchte und führte Schneewittchen in den Wald.
Als er sein Messer zog, fing Schneewittchen an zu weinen
und sagte: „Ach, lieber Jäger, lass mir mein Leben! Ich will
in den wilden Wald laufen und nimmermehr heimkommen."
Der Jäger hatte Mitleid und ließ das Mädchen laufen.
So irrte Schneewittchen ängstlich durch den Wald,
lief über spitze Steine und durch Dornen, bis es
Abend wurde. Da kam es an ein kleines Häuschen
und ging hinein, um sich auszuruhen.

In dem Häuschen war alles klein und zierlich. Da stand ein gedecktes Tischlein mit sieben kleinen Tellern, jedes Tellerlein mit seinem Löffelein, ferner sieben Messerlein und Gäbelein und sieben Becherlein. An der Wand waren nebeneinander sieben Bettlein aufgestellt.

Weil es so hungrig und durstig war, aß Schneewittchen von jedem Tellerlein ein wenig und trank aus jedem Becherlein einen Tropfen, denn es wollte nicht einem allein alles wegnehmen.

Und weil Schneewittchen so müde war, legte es sich schließlich in das größte der sieben Bettchen und schlief sogleich ein.

Endlich kamen die Herren von dem Häuslein, das waren die sieben Zwerge. Als sie das schlafende Schneewittchen entdeckten, riefen sie entzückt: „Was ist das Kind so schön!" Schneewittchens Anblick bereitete ihnen so große Freude, dass sie es nicht aufweckten, sondern im Bettlein weiterschlafen ließen. Als Schneewittchen früh am Morgen erwachte und die sieben Zwerge sah, erschrak es. Aber die Zwerge waren sehr freundlich zu ihm, und so erzählte es ihnen, was ihm widerfahren war.

126

Die Zwerge sprachen: „Willst du unsern Haushalt versehen, kochen, waschen, nähen und stricken, so kannst du bei uns bleiben, und es soll dir an nichts fehlen."
„Von Herzen gern!", sagte Schneewittchen. Es blieb bei ihnen und hielt fortan das Haus in Ordnung. Doch weil die Zwerge in den Berg zogen, war das Mädchen den ganzen Tag allein. Da warnten es die guten Zwerglein und sprachen: „Hüte dich vor deiner Stiefmutter, die wird bald wissen, dass du hier bist. Lass ja niemand herein!"

Die Königin in ihrem Schloss aber dachte, der Jäger
hätte Schneewittchen getötet und sie wäre wieder die
Erste und Allerschönste. Doch als sie eines Tages vor
ihren Zauberspiegel trat und sprach:
„Spieglein, Spieglein an der Wand,
wer ist die Schönste im ganzen Land?"
Da antwortete der Spiegel:
„Frau Königin, Ihr seid die Schönste hier,
aber Schneewittchen über den Bergen
bei den sieben Zwergen
ist noch tausendmal schöner als Ihr."
Da wusste die Königin, dass der Jäger
sie betrogen hatte.

130

Die Königin fasste einen Plan und ging als Krämerin verkleidet zum Haus der sieben Zwerge. Sie klopfte an und rief: „Schöne Ware!" „Die ehrliche Frau kann ich hereinlassen", dachte Schneewittchen, riegelte die Türe auf und kaufte sich einen hübschen Schnürriemen für sein Kleid. Die Alte half Schneewittchen auch freundlich beim Schnüren, aber sie schnürte so schnell und so fest, dass dem schönen Kind der Atem verging und es wie tot hinfiel. Da lachte die Königin böse und eilte davon.

Als die Zwerge am Abend zurückkehrten und ihr liebes
Schneewittchen wie tot auf der Erde liegen sahen, erschraken sie.
Sie hoben es in die Höhe, und weil sie erkannten, dass es zu fest
geschnürt war, schnitten sie den Schnürriemen entzwei.
Da fing es ein wenig zu atmen an und wurde nach und nach
wieder lebendig. Als die Zwerge hörten, was geschehen war,
sprachen sie: „Die Krämersfrau war niemand anders als die Königin.
Hüte dich und lass keinen herein, wenn wir nicht da sind!"

Die Königin aber erfuhr von ihrem Spiegel, dass Schneewittchen noch lebte. Da machte sie einen giftigen Kamm, verkleidete sich, ging wieder zum Zwergenhaus und rief: „Gute Ware!"
Doch Schneewittchen sagte: „Ich darf niemand hereinlassen!"

„Das Ansehen wird dir doch erlaubt sein", sprach die Alte, zog den giftigen Kamm heraus und hielt ihn in die Höhe. Da konnte Schneewittchen nicht widerstehen. Aber kaum hatte es den Kamm in die Haare gesteckt, als es ohne Besinnung niederfiel.

Zum Glück aber war es bald Abend, und die sieben Zwerglein
kamen nach Hause. Als sie Schneewittchen wie tot auf der Erde
liegen sahen, hatten sie gleich die Stiefmutter in Verdacht.
Sie suchten gründlich und fanden schließlich den giftigen Kamm.
Und kaum hatten sie ihn aus Schneewittchens Haar herausgezogen,
so kam das Mädchen wieder zu sich. Sogleich erzählte es,
was vorgefallen war. Da warnten die Zwerge Schneewittchen
noch einmal, auf der Hut zu sein und niemandem die Tür
zu öffnen.

Auch diesmal erfuhr die Königin von ihrem Spiegel, dass Schneewittchen
noch lebte. Da vergiftete sie einen Apfel, verkleidete sich als Bäuerin und
ging zum Haus der sieben Zwerge. Als sie anklopfte, sagte Schneewittchen:
„Ich darf keinen Menschen einlassen!"
„Mir auch recht", antwortete die Bäuerin, „da hast du einen
Apfel geschenkt." Schneewittchen zögerte, aber dann nahm es
den giftigen Apfel doch. Kaum aber hatte es einen Bissen davon
im Mund, so fiel es tot
zur Erde nieder.

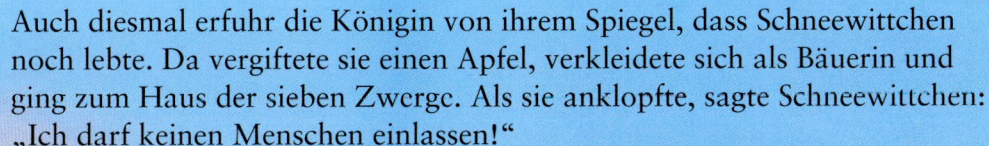

Die Königin eilte geschwind nach Hause und befragte ihren Spiegel:
„Spieglein, Spieglein an der Wand,
wer ist die Schönste im ganzen Land?"

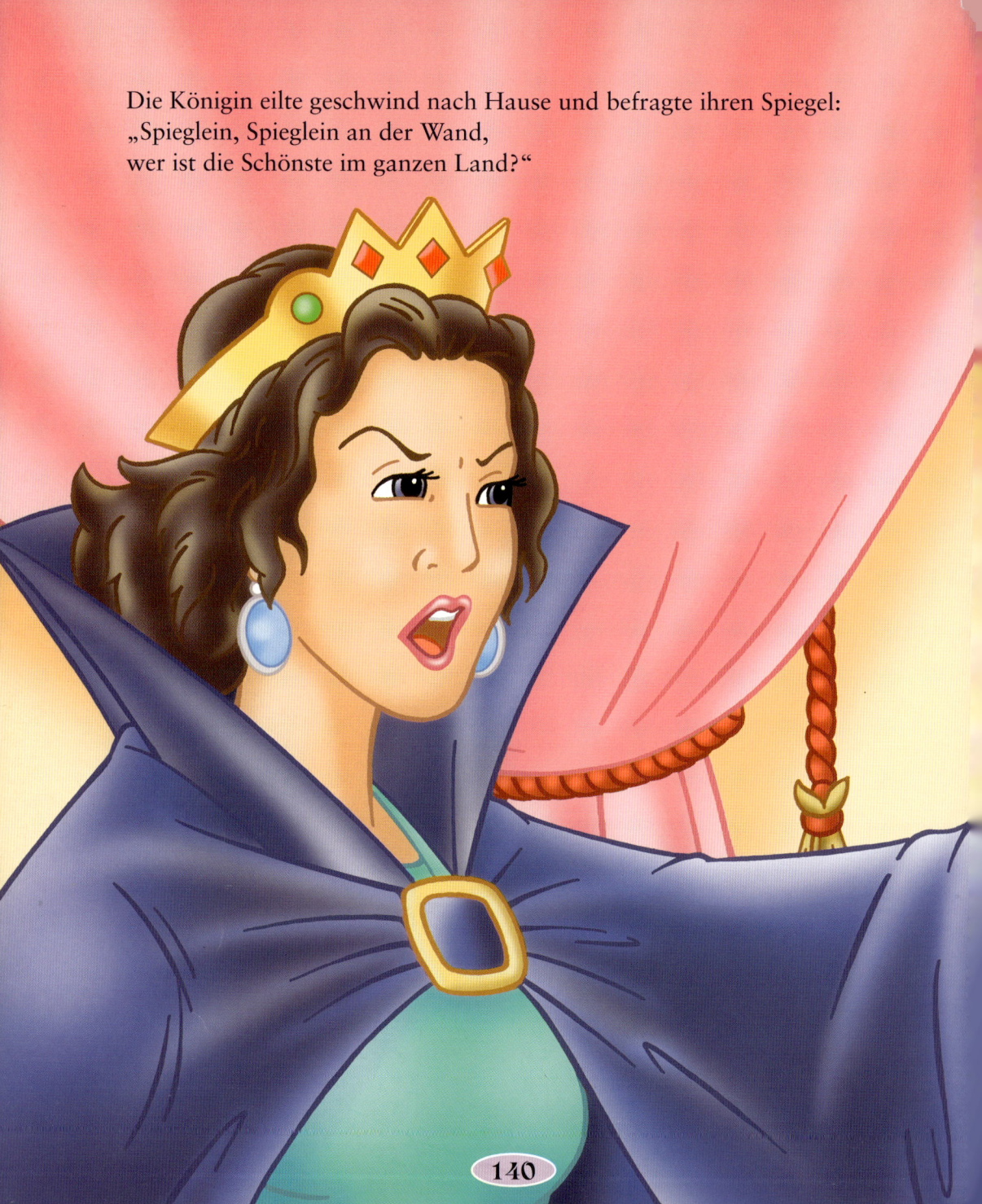

Und der Spiegel antwortete:
„Frau Königin, Ihr seid die Schönste
im Land."
Da funkelten die Augen der Königin
böse und sie sprach: „Endlich bin ich
wieder die Schönste! Diesmal können
die Zwerge Schneewittchen nicht wieder
erwecken!" Und ihr neidisches Herz
hatte Ruhe, so gut ein neidisches
Herz Ruhe haben kann.

Als die Zwerglein abends nach Hause kamen, sahen sie Schneewittchen auf der Erde liegen, und es war tot. Sie hoben es auf, suchten, ob sie etwas Giftiges fänden, schnürten es auf, kämmten ihm die Haare, aber es half alles nichts: Das liebe Kind war tot und blieb tot. Da wollten sie es begraben, brachten es aber nicht über das Herz. Sie sprachen: „Schneewittchen können wir nicht in die schwarze Erde versenken." So ließen sie einen gläsernen Sarg machen, legten das Mädchen hinein und trugen den Sarg hinauf auf den Berg.

Nun lag Schneewittchen lange, lange Zeit in dem Sarg und sah aus, als wenn es schliefe. Es geschah aber, dass eines Tages ein Königssohn auf den Berg ritt. Als er das schöne Schneewittchen sah, verliebte er sich sofort. Er sprach zu den Zwergen:

„Lasst mir den Sarg, ich will euch geben, was ihr dafür haben wollt." Aber die Zwerge antworteten: „Wir geben ihn nicht für alles Gold in der Welt." Da sagte der Königssohn: „So schenkt ihn mir, denn ich kann nicht leben, ohne Schneewittchen zu sehen. Ich will es ehren und hoch achten wie mein Liebstes."

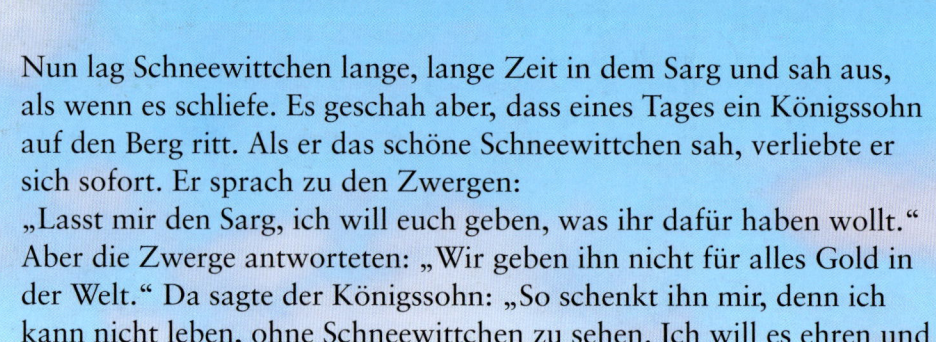

Die Zwerge empfanden Mitleid mit dem Königssohn und gaben ihm den Sarg. Der Königssohn ließ ihn nun von seinen Dienern auf den Schultern forttragen. Da geschah es, dass die Männer über eine Wurzel stolperten. Von dem Schütteln aber fuhr das giftige Apfelstück aus Schneewittchens Hals. Und nicht lange, so öffnete es die Augen und war wieder lebendig. „Wo bin ich?", rief es.
„Du bist bei mir!", sagte der Königssohn voll Freude und erzählte, was sich zugetragen hatte. Dann führte er es in das Schloss seines Vaters.

Die Hochzeit war mit großer Pracht und Herrlichkeit angeordnet.
Zum Fest wurde aber auch Schneewittchens Stiefmutter eingeladen.
Wie sie sich nun mit schönen Kleidern angetan hatte, trat sie
vor den Spiegel und sprach:
„Spieglein, Spieglein an der Wand,
wer ist die Schönste im ganzen Land?"
Da antwortete der Spiegel:
„Frau Königin, Ihr seid die Schönste hier,
aber die junge Königin ist noch tausendmal schöner als Ihr."
Da erbebte die böse Stiefmutter vor Wut,
sodass sie fast in Stücke sprang.

Zuerst wollte die Königin gar nicht auf die Hochzeit kommen,
doch ließ es ihr keine Ruhe, sie musste die junge Königin sehen.
Und wie sie in den Ballsaal hineintrat, erkannte sie Schneewittchen.
Vor Angst und Schrecken konnte sie sich nicht regen. Aber es
waren schon eiserne Pantoffeln über ein Kohlenfeuer gehängt worden,
die nun mit Zangen hereingetragen und vor sie hingestellt wurden.
Da musste sie in die rotglühenden Schuhe
treten und so lange tanzen, bis sie
tot zur Erde fiel.

Der gestiefelte Kater

Ein armer Müller hatte drei Söhne. Als er starb,
hinterließ er dem ältesten Sohn die Mühle und
dem zweiten den Esel.
Für den jüngsten aber war nur noch ein Kater übrig.
Da war der junge Müller sehr traurig und ratlos.
„Was soll ich nur mit einem Kater anfangen?", seufzte er.
Der Kater aber hatte verstanden, was der Müllerssohn sagte.
„Höre", sprach er, „besorge mir nur
ein Paar Stiefel, dass ich mich unter den
Leuten blicken lassen kann, dann soll
dir bald geholfen sein."

Der junge Müllerssohn war über die Worte des Katers
sehr verwundert. Da aber gerade ein Schuster
des Weges kam, ließ er dem Kater ein
paar hübsche Stiefel machen.
Für diese gab er sein letztes Geld.
„Ob das wohl eine gute Idee war?",
dachte er bei sich.

Der Kater aber bedankte sich artig. Er zog die Stiefel an,
nahm einen Sack und füllte ihn zur Hälfte mit Korn.
Dann warf er den Sack über den Rücken und ging munter
auf zwei Beinen, wie ein Mensch, in den Wald.

Der König des Landes aß besonders gern Rebhühner.
Doch zu seinem Leidwesen waren sie sehr scheu,
sodass die Jäger sie nicht fangen konnten. Das wusste
der Kater und beschloss, dem König die begehrten
Rebhühner zu beschaffen.

Dazu ersann er eine List: Er legte den geöffneten Sack auf den Waldboden und verteilte das Korn, das sich darin befand. Die Rebhühner kamen bald angelaufen, pickten nach dem Korn, und eines nach dem anderen hüpfte in den Sack hinein.

Sogleich lief der Kater mit dem Sack voller
Rebhühner zum Schloss.
Als er vor den König trat, machte er eine tiefe
Verbeugung und sprach:
„Mein Herr, der Graf, lässt sich dem König
empfehlen und schickt ihm Rebhühner, die er eben
gefangen hat."
Der König staunte über die fetten Rebhühner und freute
sich sehr. Er befahl, dem Kater aus der Schatzkammer
so viel Gold zu geben, wie er nur tragen könne.
„Bring dies deinem Herrn zum Dank", sagte er.

Der Müllerssohn saß derweil zu Hause und bedauerte, dass er sein letztes Geld für die Stiefel des Katers hergegeben hatte. „Was wird er mir dafür schon bringen können?", seufzte er.

Da trat der Kater ein, nahm den Sack vom Rücken und breitete das Gold vor ihm aus. „Hier hast du etwas für die Stiefel! Der König lässt dich grüßen und dir danken." Dann erzählte der Kater dem Müllerssohn, was sich zugetragen hatte. Dieser aber wusste vor Glück gar nicht, wie ihm geschah. „Jetzt habe ich keine Sorgen mehr!", rief er.

Der Kater ging nun jeden Tag auf die Jagd, fing Rebhühner und schenkte sie dem König. Dafür bekam er Gold, das er dem Müllerssohn nach Hause brachte. Bald war der Kater bei Hofe sehr beliebt und ging im Schloss ein und aus, wie er wollte. So kam es, dass er eines Tages hörte, wie der Kutscher rief:

„Spannt die Pferde an! Der König will mit der Prinzessin an den See fahren." Sofort fasste der listige Kater einen Plan und lief rasch nach Hause.

„Wenn du ein Graf werden willst, so komm an den See und bade", sagte der Kater zum Müllerssohn. Der Müllerssohn wusste nicht recht, was er davon halten sollte. Doch dann folgte er dem Kater zum See, zog sich aus und sprang ins Wasser.

Sogleich versteckte der Kater die Kleider des Müllerssohns, und als der König vorbeigefahren kam, rief er: „Allergnädigster König! Mein Herr, der Graf, badete im See, als ihm ein Dieb die Kleider gestohlen hat. Nun ist der Herr Graf im Wasser und kann nicht heraus."

Wie der König das hörte, ließ er die Kutsche eilig anhalten. „Was für Halunken!", rief er empört. „Der Graf könnte sich erkälten und sterben!"
Sofort schickte der König einen Diener zurück ins Schloss, um frische Kleider zu holen.

Der Müller zog die prächtigen Kleider an, und weil ihm
der König wegen der Rebhühner dankbar und gewogen war,
durfte er in der Kutsche Platz nehmen. Die Prinzessin war
nicht böse darüber, denn der Graf war jung und schön und
gefiel ihr recht gut.

Währenddessen war der Kater vorausgelaufen, bis er eine Wiese erreichte, auf der über hundert Leute Heu machten. „Wem gehört die Wiese?", fragte der Kater. „Dem großen Zauberer", bekam er zur Antwort.

Da sagte der Kater: „Hört, bald wird der König vorüberfahren, und wenn er fragt, wem die Wiese gehört, so antwortet ihr: dem Grafen." Die Leute ängstigten sich vor dem Kater, der in seinen Stiefeln daherkam wie ein Mensch. Deshalb versprachen sie, ihm zu gehorchen.

Als Nächstes gelangte der Kater zu einem großen Kornfeld.
Hier standen mehr als zweihundert Leute und schnitten
das reife Korn. Auch hier fragte der Kater, wem das Feld gehöre.
„Dem großen Zauberer", sagten die Leute.

Da sprach der Kater: „Hört, gleich wird der König
vorbeifahren, und wenn er fragt, wem das Korn gehört,
so antwortet: dem Grafen."
Die Leute auf dem Kornfeld ängstigten sich vor dem Kater
und versprachen alles so zu sagen,
wie er es wollte.

Endlich kam der Kater zu einem prächtigen Wald.
Der Wald war so groß, dass er kaum zu überblicken war.
Hier standen mehr als dreihundert Mann und fällten
die großen, mächtigen Bäume.
„Wem gehört der Wald, ihr Leute?", fragte der Kater.

„Dem großen Zauberer", lautete die Antwort.
Der Kater sagte: „Hört, bald wird der König
vorbeifahren, und wenn er fragt, wem der Wald gehört,
so antwortet: dem Grafen."
Die Holzfäller versprachen, dem Kater zu gehorchen.

Der Kater ging immer weiter. Bald stand er vor dem prunkvollen Schloss des Zauberers. Ohne Furcht trat er ein und ging durch die große Halle, die über und über mit Gold geschmückt war. Vor dem Thron des Zauberers machte der Kater halt und verbeugte sich. Dann sprach er: „Ich habe gehört, dass du ein mächtiger Zauberer bist und dich in jedes Tier verwandeln kannst."

Der Zauberer war sehr geschmeichelt. „Ja, so ist es", sagte er. „Nichts leichter als das."

Der Kater lächelte und fuhr listig fort: „Was einen Hund,
Fuchs oder Wolf betrifft, da will ich es gern glauben.
Aber dass du dich auch in etwas sehr Großes, zum Beispiel
einen Elefanten, verwandeln kannst, das scheint mir ganz
unmöglich. Deshalb bin ich gekommen, um mich mit meinen
eigenen Augen zu überzeugen."
Der Zauberer sah den Kater verächtlich an. Stolz sagte er:
„Das ist mir eine Kleinigkeit." Sprach's und war im gleichen
Augenblick in einen Elefanten verwandelt.

„Das ist viel!", rief der Kater begeistert. „Aber kannst du dich auch in einen Löwen verwandeln?"
Der Zauberer blickte den Kater hochmütig an. „Das ist auch nichts", sagte er und stand sogleich als ein Löwe da.
Der Kater stellte sich erstaunt und rief: „Das ist unglaublich und unerhört, an dergleichen hätte ich nicht einmal im Traum gedacht!"
Der Löwe kam derweil langsam näher, bis er fauchend vor dem Kater stand. Dieser wich ängstlich zurück.

Doch dann nahm der Kater wieder all seinen Mut zusammen und sagte mit schmeichelnder Stimme: „Aber noch mehr als alles andere wäre es, wenn du dich auch in ein so kleines Tier wie etwa eine Maus verwandeln könntest. Du kannst gewiss mehr als irgendein Zauberer auf der Welt, doch das wird auch dir zu schwer sein."

Der Zauberer aber sagte: „Ach was! Das kann ich auch!"
Im selben Augenblick lief er als Maus im Zimmer umher.
Der Kater aber sprang blitzschnell hinzu, fing die Maus
und fraß sie auf.

Der König war derweil mit dem Müllerssohn und der
Prinzessin bei der großen Wiese angelangt.
„Wem gehört das Heu?", fragte der König.
„Dem Herrn Grafen", riefen alle.
Als sie das große Kornfeld erreichten, fragte der König,
wem das Korn gehöre. „Dem Herrn Grafen!", kam die
Antwort wie aus einem Munde.

Auch im Wald riefen die Leute: „Der gehört dem Herrn Grafen!"
Der König war beeindruckt. „Ihr müsst ein reicher Mann sein,
Herr Graf!", sagte er.

Endlich kamen sie an das Schloss. Der Kater erwartete
sie bereits auf der Treppe, und als unten der Wagen hielt,
sprang er herab, machte die Türe auf und sagte: „Herr König,
Ihr kommt hier in das Schloss meines Herrn, des Grafen,
den diese Ehre für sein Leben
glücklich machen wird."

Der König verwunderte sich über das stattliche Gebäude, das fast größer und schöner war als sein eigenes Schloss. Der Müllerssohn aber führte die Prinzessin die Treppe hinauf in den Saal, der ganz von Edelsteinen flimmerte.

Von diesem Tag an besuchte der König auf Bitten der Prinzessin den Grafen des Öfteren. Und jedes Mal schenkte der Graf der Prinzessin ein kostbares Schmuckstück. Dem König war nicht entgangen, dass die beiden jungen Leute einander zugetan waren.

Als der Graf den König um die Hand seiner Tochter bat,
ward die Prinzessin dem Grafen versprochen und eine
prächtige Hochzeit gefeiert.
Und als der König starb, wurde der Müllerssohn König
und der gestiefelte Kater erster Minister.

Aschenputtel

Es war einmal ein reicher Mann, dem seine Frau gestorben war. Sein schönes Töchterchen weinte darüber jeden Tag. Nachdem ein Jahr vergangen war, heiratete der Mann eine andere Frau. Diese hatte zwei Töchter, die schön, aber garstig und schwarz von Herzen waren.

Da fing eine schlimme Zeit für das arme Stiefkind an.
Es musste den ganzen Tag schwere Arbeit tun.
Abends, wenn es müde war, musste es
sich zum Schlafen neben den Herd in
die Asche legen. Und weil es darum
immer staubig und schmutzig aussah,
nannte man es Aschenputtel.

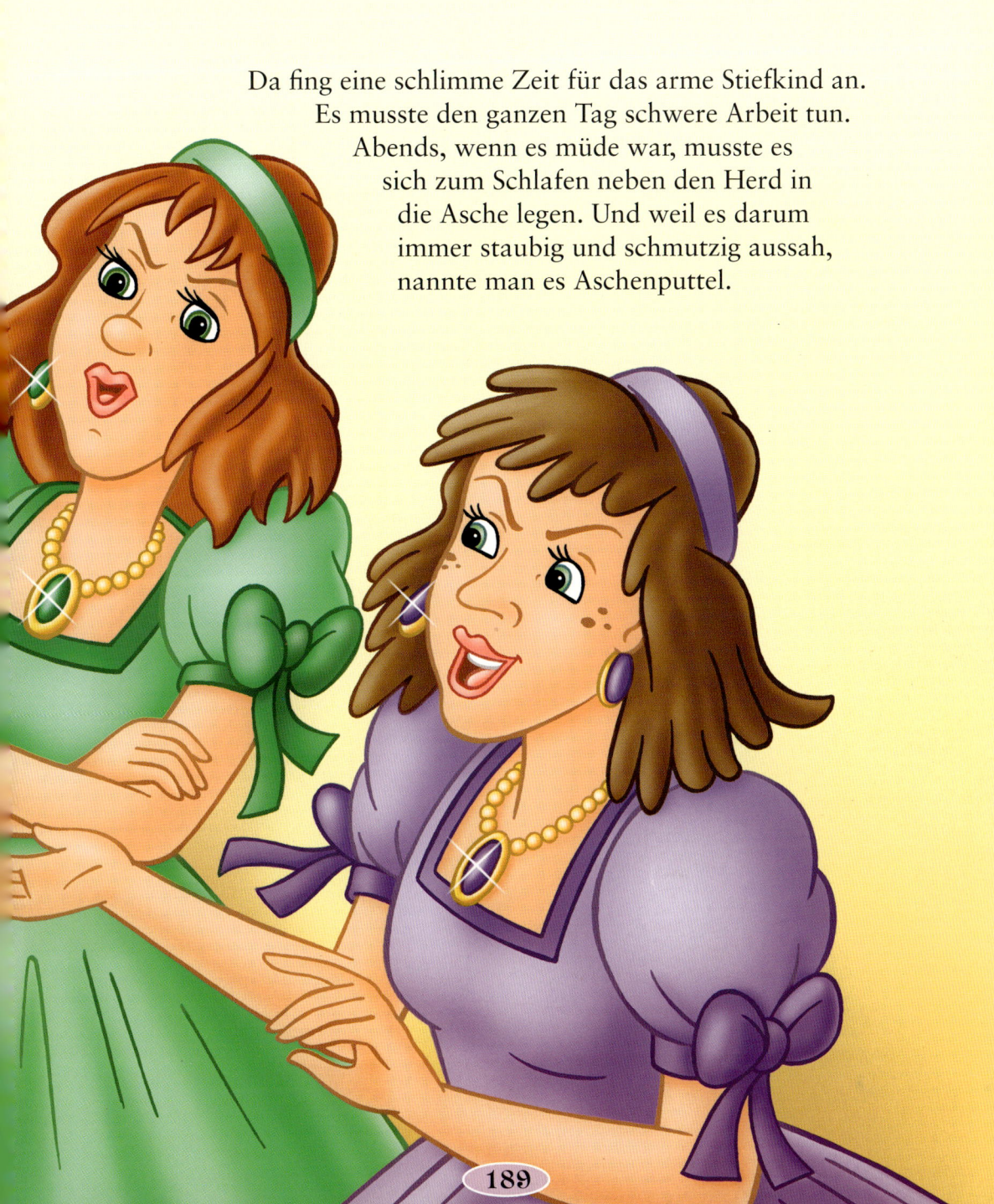

Als der Vater einmal verreiste, fragte er die Mädchen, was er ihnen mitbringen solle. Seine Stieftöchter wünschten sich neue Kleider und Schmuck. Aschenputtel jedoch bat um ein Haselreis. Dieses pflanzte es auf das Grab seiner Mutter, wo es zu einem herrlichen Baum heranwuchs. Aschenputtel ging jeden Tag zu dem Grab, und immer kam ein weißes Vöglein auf den Baum geflogen. Wenn Aschenputtel einen Wunsch aussprach, so erfüllte ihm das Vöglein diesen sogleich.

Es trug sich zu, dass der König ein Fest veranstaltete,
das drei Tage dauern sollte. Zu diesem Fest waren
alle schönen Jungfrauen im Lande eingeladen worden,
damit sich der Prinz eine Braut
aussuchen konnte.

Aschenputtel bat darum, auch auf den Ball gehen zu dürfen,
doch seine Stiefschwestern schütteten eine Schüssel Linsen
in die Asche und sprachen: „Wenn du die Linsen in zwei
Stunden wieder ausgelesen hast, so sollst du mitkommen."

194

Kaum dass Aschenputtel allein war, ging es in den Garten und rief:
„Ihr zahmen Täubchen, ihr Turteltäubchen, all ihr Vöglein unter
dem Himmel, kommt und helft mir lesen, die guten ins Töpfchen,
die schlechten ins Kröpfchen."
Da kamen zum Küchenfenster alle Vöglein unter dem Himmel
herein, ließen sich um die Asche nieder und lasen die guten
Körnlein in die Schüssel. Kaum war eine Stunde herum,
so waren sie schon fertig und flogen wieder hinaus.

Da trug das Mädchen die Schüssel zu seiner Stiefmutter, freute sich und glaubte, nun dürfte es mit auf den Ball gehen. Aber die Stiefmutter schüttelte den Kopf und sprach: „Es hilft dir alles nichts, du kommst nicht mit, denn du hast keine Kleider und kannst nicht tanzen; wir müssten uns deiner schämen." Stattdessen musste Aschenputtel den Stiefschwestern die Haare kämmen, die Schuhe putzen und die Schnallen festmachen. Dann gingen die stolzen Stiefschwestern zum Ball.

Als nun niemand mehr daheim war, lief Aschenputtel
zu seiner Mutter Grab unter dem Haselbaum und rief:
„Bäumchen, rüttel dich und schüttel dich,
wirf Gold und Silber
über mich."

Da brachte ihm der Vogel auf dem Baum ein wunderschönes Kleid und seidene Pantoffeln. In aller Eile zog Aschenputtel das herrliche Kleid an und lief zum Ball des Königs.

Seine Schwestern und die Stiefmutter aber erkannten
Aschenputtel nicht und meinten, es müsse eine fremde
Königstochter sein, so schön sah es in dem Kleid aus.
Der Königssohn ging Aschenputtel entgegen, nahm es
bei der Hand und ließ es nicht mehr los. Er wollte
den ganzen Abend mit keiner anderen mehr tanzen.

Wenn ein Edelmann kam, Aschenputtel aufzufordern, sprach er: „Das ist meine Tänzerin." Aschenputtel tanzte, bis es Mitternacht war, dann wollte es nach Haus gehen.

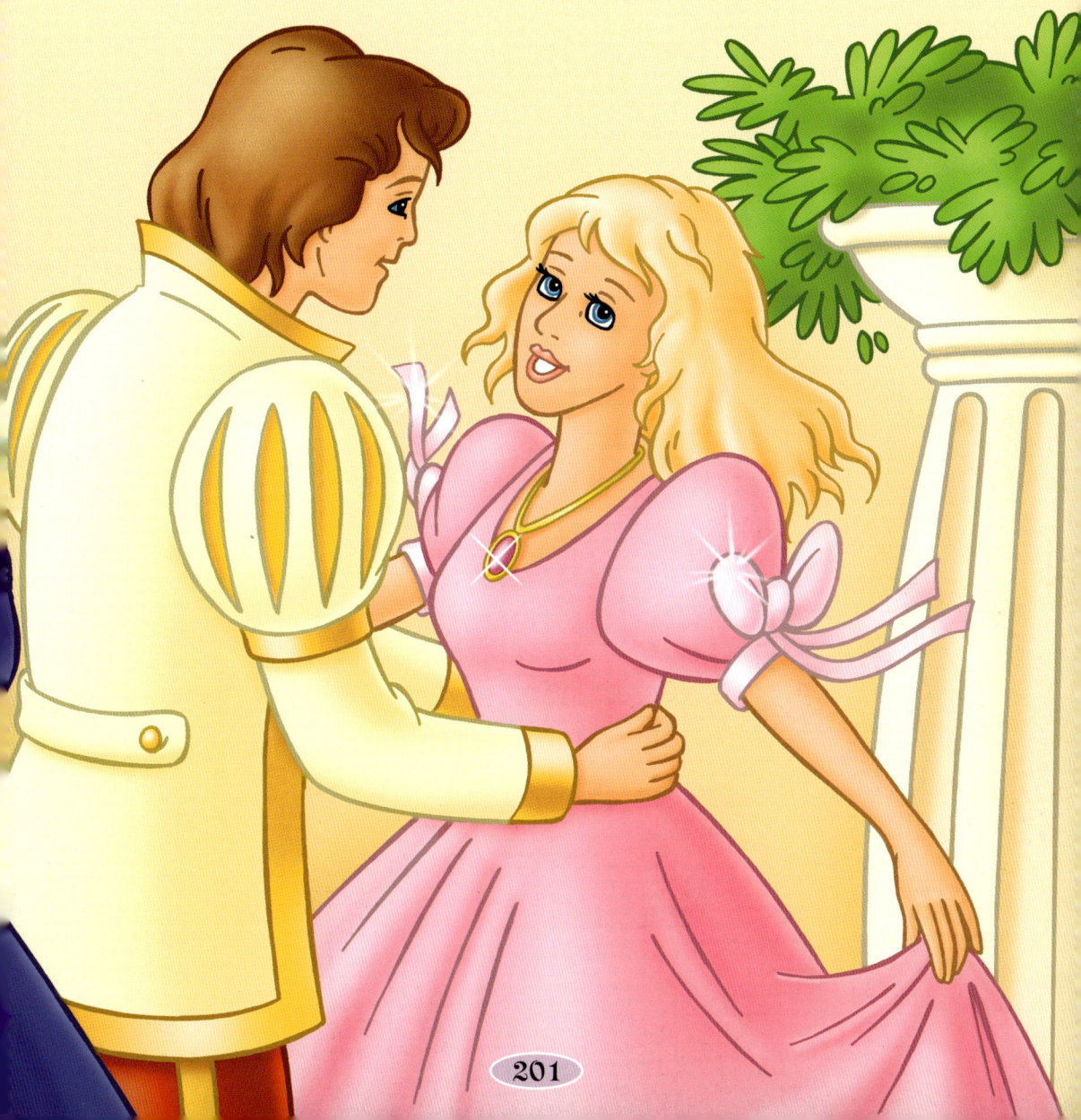

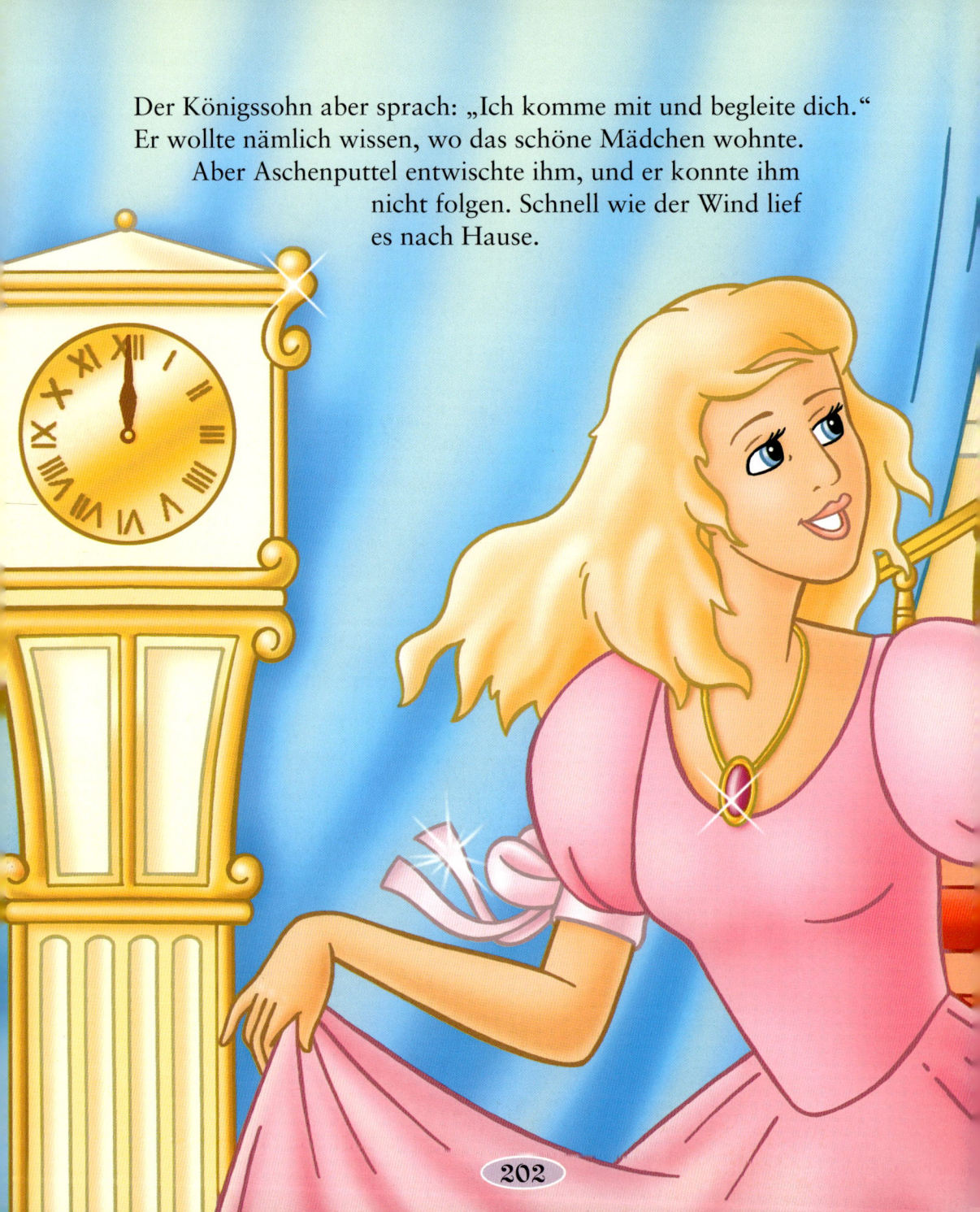

Der Königssohn aber sprach: „Ich komme mit und begleite dich."
Er wollte nämlich wissen, wo das schöne Mädchen wohnte.
Aber Aschenputtel entwischte ihm, und er konnte ihm
nicht folgen. Schnell wie der Wind lief
es nach Hause.

Dort zog es das schöne Kleid aus und legte es unter
das Haselbäumchen. Sogleich kam der Vogel angeflogen
und nahm Kleid und Pantoffeln wieder mit. Aschenputtel
aber setzte sich in seinem
alten Kittelchen in die
Küche zur Asche.

Am andern Tag, als das Fest
von Neuem anhub, sollte
Aschenputtel wieder
allein zu Hause bleiben.

Als die Stiefmutter und Stiefschwestern
fort waren, ging Aschenputtel
zu dem Haselbaum und rief:
„Bäumchen, rüttel dich und schüttel dich,
wirf Gold und Silber über mich."

Da warf der Vogel ein noch viel prächtigeres
Kleid und noch viel herrlichere Schuhe herab als
am Tag zuvor. Aschenputtel freute sich, zog das
Kleid an und lief eilig zum Fest des Königs.

Als Aschenputtel den Ballsaal betrat, staunte jedermann über seine Schönheit. Der Königssohn aber hatte das Mädchen schon erwartet und tanzte den ganzen Abend nur mit ihm allein. Um Mitternacht huschte Aschenputtel wieder flink davon. Aber dieses Mal lief ihm der Königssohn nach.

Doch Aschenputtel war so geschwind, dass er es aus den Augen verlor und enttäuscht ins Schloss zurückkehren musste. Aschenputtel aber legte das Kleid unter den Baum, zog sein altes Kittelchen an und bettete sich in der Küche in die Asche.

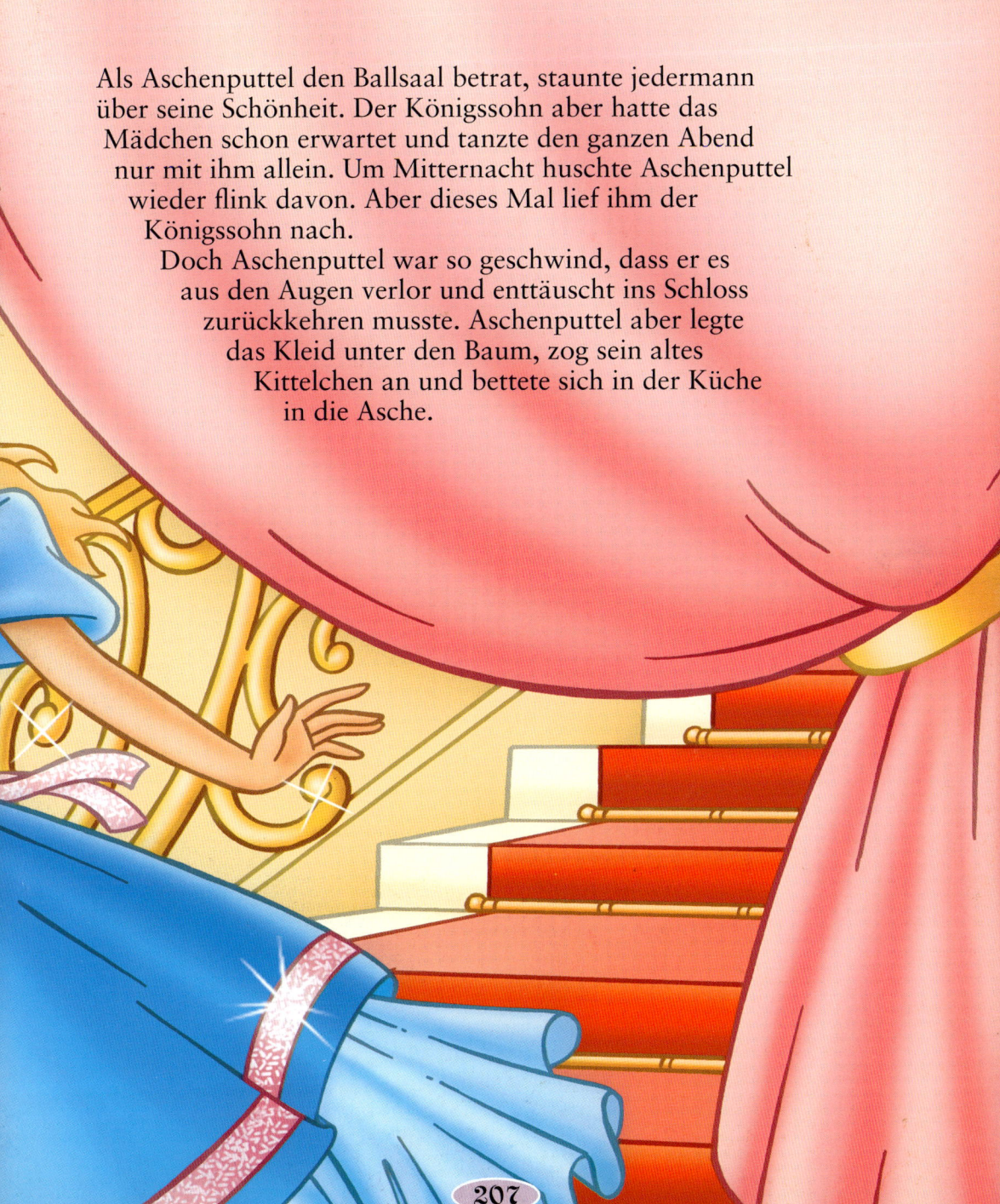

Am dritten Tag, als die Stiefmutter
und Stiefschwestern fort waren,
ging Aschenputtel wieder zu seiner
Mutter Grab und sprach:
„Bäumchen, rüttel dich und schüttel dich,
wirf Gold und Silber über mich."
Nun warf ihm der Vogel ein Kleid herab,
das war so prächtig und glänzend, wie es
noch keines gesehen hatte, und die Schuhe
waren ganz golden. Als Aschenputtel in dem
Kleid zum Ball kam, waren alle im Saal geblendet
von seiner Schönheit.

Der Königssohn tanzte auch an diesem Abend ganz
allein mit Aschenputtel und ließ seine Hand nicht
mehr los. Als es nun Mitternacht schlug, wollte das
Mädchen wieder rasch fort. Doch dieses Mal hatte
der Königssohn eine List ersonnen und die ganze
Treppe mit Pech bestreichen lassen.
   Als Aschenputtel nun die Stufen hinabsprang,
blieb einer seiner Schuhe an dem Pech kleben.
Der Königssohn hob ihn auf und staunte,
weil er so klein und zierlich und ganz
golden war.

Am nächsten Morgen ging der Königssohn herum und sprach:
„Keine andere soll meine Gemahlin werden als die, an deren
Fuß dieser goldene Schuh passt.“
Als er zu den beiden Stiefschwestern kam, wollte die älteste
ihn in der Kammer probieren. Da er ihr viel zu klein war,
schnitt sie sich eine Zehe ab und zwängte den Fuß in den Schuh.
Sie verbiss den Schmerz und ging zum Königssohn. Da nahm
er sie als seine Braut aufs Pferd und ritt mit ihr fort.

Die Stiefschwester freute sich sehr. Doch der Königssohn
musste mit der falschen Braut an dem Grabe vorbei.
Da saßen zwei Täubchen auf dem Haselbaum und riefen:
„Rucke di guh, rucke di guh,
Blut ist im Schuh.
Der Schuh ist zu klein,
die rechte Braut sitzt noch daheim."
Da blickte der Königssohn auf den Fuß der Stiefschwester
und sah das Blut. Er wendete sein Pferd, brachte die falsche
Braut wieder nach Hause und sagte, das wäre nicht die rechte.

216

Da ging die zweite Stiefschwester in die Kammer.
Aber auch ihr passte der Schuh nicht, und so schnitt
sie sich ein Stück der Ferse ab. Ahnungslos nahm der
Königssohn sie als seine Braut aufs Pferd und ritt
mit ihr fort. Doch als sie an dem Haselbäumchen
vorbeikamen, saßen zwei Täubchen darauf und riefen:
„Rucke di guh, rucke di guh,
Blut ist im Schuh.
Der Schuh ist zu klein,
die rechte Braut sitzt noch daheim."
Da wendete der Königssohn sein Pferd und brachte
die falsche Braut wieder zurück.

Schließlich sollte auch das Aschenputtel aus der Küche kommen und den Schuh probieren. Aber die Stiefmutter sagte: „Ach nein, das ist viel zu schmutzig, das darf sich nicht sehen lassen." Der Königssohn bestand aber darauf, und Aschenputtel musste gerufen werden. Da wusch es sich erst Hände und Gesicht rein, dann trat es vor den Königssohn, der ihm den goldenen Schuh reichte.

Aschenputtel setzte sich auf einen Schemel, zog den Fuß aus
dem schweren Holzpantoffel und steckte ihn in den Schuh.
Der saß wie angegossen! Und als es sich aufrichtete und
der Königssohn ihm ins Gesicht sah, so erkannte er das schöne
Mädchen, das mit ihm getanzt hatte, und rief:
„Das ist die rechte Braut!"
Die Stiefmutter und die
beiden Schwestern
erschraken und
wurden rot
vor Wut.

Der Königssohn aber nahm Aschenputtel aufs Pferd und ritt
mit ihm fort. Als sie an dem Haselbäumchen vorbeikamen,
riefen die Täubchen:
„Rucke di guh, rucke di guh,
kein Blut ist im Schuh.
Der Schuh ist nicht zu klein,
die rechte Braut, die führt er heim."
Und als sie das gerufen hatten, kamen sie beide herabgeflogen
und setzten sich auf Aschenputtels Schultern. Bald darauf
wurde Hochzeit gefeiert, und Aschenputtel und der Königssohn
lebten glücklich und zufrieden
bis an ihr Lebensende.

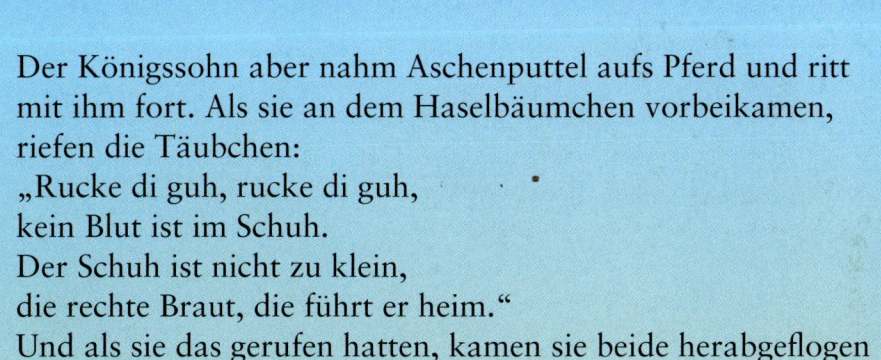